CB069613

EPICURO

COLEÇÃO
FIGURAS DO SABER
dirigida por Richard Zrehen

Títulos publicados

1. *Kierkegaard*, de Charles Le Blanc
2. *Nietzsche*, de Richard Beardsworth
3. *Deleuze*, de Alberto Gualandi
4. *Maimônides*, de Gérard Haddad
5. *Espinosa*, de André Scala
6. *Foucault*, de Pierre Billouet
7. *Darwin*, de Charles Lenay
8. *Wittgenstein*, de François Schmitz
9. *Kant*, de Denis Thouard
10. *Locke*, de Alexis Tadié
11. *D'Alembert*, de Michel Paty
12. *Hegel*, de Benoît Timmermans
13. *Lacan*, de Alain Vanier
14. *Flávio Josefo*, de Denis Lamour
15. *Averróis*, de Ali Benmakhlouf
16. *Husserl*, de Jean-Michel Salanskis
17. *Os estoicos I*, de Frédérique Ildefonse
18. *Freud*, de Patrick Landman
19. *Lyotard*, de Alberto Gualandi
20. *Pascal*, de Francesco Paolo Adorno
21. *Comte*, de Laurent Fédi
22. *Einstein*, de Michel Paty
23. *Saussure*, de Claudine Normand
24. *Lévinas*, de François-David Sebbah
25. *Cantor*, de Jean-Pierre Belna
26. *Heidegger*, de Jean-Michel Salanskis
27. *Derrida*, de Jean-Michel Salanskis
28. *Montaigne*, de Ali Benmakhlouf
29. *Turing*, de Jean Lassègue
30. *Bachelard*, de Vincent Bontems
31. *Newton*, de Marco Panza
32. *Sartre*, de Nathalie Monnin
33. *Lévi-Strauss*, de Olivier Dekens
34. *Cícero*, de Clara Auvray-Assayas

EPICURO
JULIE GIOVACCHINI

Tradução
Guilherme João de Freitas Teixeira
com a colaboração de
Jaime A. Clasen

Estação Liberdade

FIGURAS DO SABER

Título original francês: *Épicure*
© Société d'Édition Les Belles Lettres, 2008
© Editora Estação Liberdade, 2019, para esta tradução

Preparação Cacilda Guerra
Revisão Fábio Fujita
Capa Natanael Longo de Oliveira
Composição Miguel Simon

CIP-BRASIL. CATALOGAÇÃO NA PUBLICAÇÃO
SINDICATO NACIONAL DOS EDITORES DE LIVROS, RJ

G426e

    Giovacchini, Julie, 1978-
        Epicuro / Julie Giovacchini ; tradução Guilherme João de Freitas Teixeira ; colaboração Jaime A. Clasen. - 1. ed. - São Paulo : Estação Liberdade, 2019.
        248 p. ; 21 cm.   (Figuras do saber ; 35)

        Tradução de: Épicure
        Inclui bibliografia
        ISBN 978-85-7448-301-6

        1. Epicuro. 2. Filosofia antiga. I. Teixeira, Guilherme João de Freitas. II. Clasen, Jaime A. III. Título. IV. Série.

18-54420   CDD: 187
                              CDU: 130.11

Meri Gleice Rodrigues de Souza - Bibliotecária CRB-7/6439
17/12/2018   21/12/2018

Todos os direitos reservados à Editora Estação Liberdade. Nenhuma parte da obra pode ser reproduzida, adaptada, multiplicada ou divulgada de nenhuma forma (em particular por meios de reprografia ou processos digitais) sem autorização expressa da editora, e em virtude da legislação em vigor.

Esta publicação segue as normas do Acordo Ortográfico da Língua Portuguesa, Decreto nº 6.583, de 29 de setembro de 2008.

Editora Estação Liberdade Ltda.
Rua Dona Elisa, 116 | Barra Funda | 01155-030
São Paulo – SP | Tel.: (11) 3660 3180
www.estacaoliberdade.com.br

Sumário

Cronologia   11

Abreviaturas utilizadas   19

Preâmbulo   21

I. A escola de Epicuro   27
   1.1. Vida e morte de Epicuro   27
   1.2. A noção de escola filosófica no período helenístico   34
   1.3. A vida no interior do Jardim: o uso filosófico da amizade   45

II. O projeto ético de Epicuro   51
   2.1. O diagnóstico da infelicidade humana   51
      A doença da humanidade   51
      O "tratamento" epicurista, entre teorização e pragmatismo   55
   2.2. A boa saúde do sábio   59
      A filosofia, uma terapia de urgência   59
      O "tetrafármaco" e a psicossomática epicurista   61
      Uma concepção passiva do mal   65
      O discurso filosófico, forma e adjuvante da terapia   67

- 2.3. Uma moral do prazer — 72
  - O prazer, soberano bem? — 72
  - Prazer do estômago contra prazer do sexo: o cálculo racional dos desejos — 75
  - Definição e estatuto da virtude: o papel social da "prudência" — 80

III. Uma física materialista — 91
  - 3.1. Dois princípios: os átomos e o vazio — 91
    - O atomismo, uma antimetafísica? — 91
    - O ponto de vista epistemológico: os três princípios de "conservação" — 93
    - O ponto de vista físico: os corpos e o vazio — 97
    - A demonstração racional dos dois princípios físicos — 99
    - Características do átomo epicurista — 103
  - 3.2. O clinâmen e a questão da liberdade — 108
    - Epicuro e a questão da necessidade física — 110
    - A crítica epicurista do determinismo e o estatuto da vontade livre — 115
  - 3.3. Pluralidade dos mundos, infinitude do universo — 122
  - 3.4. Mortalidade da alma, mortalidade do mundo — 127
    - Do macroscópico ao microscópico: o mundo, espelho do ser vivo? — 131

IV. Uma teoria empirista do conhecimento — 137
  - 4.1. A verdade é a sensação — 137
    - O "discurso do método" epicurista — 137
    - O "cânon" de Epicuro e a constituição mental do saber — 139
    - A prenoção: definição e dificuldades — 142
    - A natureza criterial das afecções — 150

      Os sentidos podem se equivocar?
      O problema da ilusão e a controvérsia
      com os céticos   152
  4.2. *Eflúvios e simulacros*   157
      O movimento da sensação   157
      Natureza e funcionamento dos simulacros   160
      Os paradoxos do empirismo epicurista   162
  4.3. *Epicuro: filósofo reducionista?*   166
      O reducionismo noético e ético   167
      O reducionismo físico e cosmológico   171

V. Por que o epicurismo é motivo de escândalo?   177
  5.1. *O estatuto dos deuses*   177
      A questão do ateísmo de Epicuro   177
      Felicidade e permanência da divindade   180
      Epicuro e a religiosidade   183
      A prenoção dos deuses e suas dificuldades   188
  5.2. *O elogio do "fácil" e a rejeição da* paideia   191
      Epicuro, o autodidata   191
      Epicuro acusado de ignorância   195
  5.3. *A crítica da dialética: uma filosofia do*
      "senso comum"   198
      A noção de dialética na Grécia helenística   198
      A dialética, uma antiverdade?   201
      Como resolver o problema da ambiguidade?   204

Conclusão   213
  1. *Filodemo, um epicurista na Campânia*   214
  2. *Epicuro, ontem e hoje*   219

Indicações bibliográficas   223
  A. *Para iniciar a abordagem do epicurismo*   223
  B. *Fontes primárias*   223

    1. Epicuro   223
    2. Epicurismo grego   227
    3. Epicurismo romano   227
C. *Monografias e artigos sobre o epicurismo (por ordem dos capítulos deste livro)*   229
    I. A Escola de Epicuro   229
    II. O projeto ético de Epicuro   230
    III. Uma física materialista   232
    IV. Uma teoria empírica do conhecimento   233
    V. Por que o epicurismo é motivo de escândalo? e Conclusão   235
D. *Outros títulos citados no livro (incluindo a bibliografia, em português, sobre o epicurismo)*   236

Índice onomástico e toponímico   241

Índice das noções   245

Cronologia

Transpomos amplamente a duração da vida do próprio Epicuro para recuar até a Antiguidade tardia e avançar aos primórdios do cristianismo, a fim de fornecer um panorama sintético da evolução da escola epicurista.

508   Reformas de Clístenes (565-492 a.C.), instaurador da democracia em Atenas; introdução dos princípios políticos de *isonomia* ("repartição" por igual do poder do *dêmos*, conjunto de indivíduos vivendo coletivamente) e de *isegoria* (igualdade de palavra: cada cidadão tem o direito de falar na Assembleia).

460-370   Nascimento e morte de Demócrito de Abdera, fundador, com Leucipo, do pensamento atomista.

460   Nascimento de Hipócrates de Cós, o "pai da medicina".

450   *Acme* dos grandes sofistas em Atenas — Górgias, Protágoras, Pródico.

440   Fídias conclui a estátua de Atena Partenos.

436   Nascimento de Isócrates, considerado o "pai da oratória", por ter sido o primeiro a escrever discursos que serviam de modelo a seus discípulos.

431   Início da Guerra do Peloponeso, que opõe Atenas a Esparta.

429/7(?)	Nascimento de Platão.
413	Nascimento de Diógenes, o Cínico.
404	Fim da Guerra do Peloponeso, com a vitória de Esparta.
384	Nascimento de Aristóteles (aluno de Platão e professor de Alexandre Magno), em Estagira (antiga cidade da Macedônia, situada hoje na Grécia), e de Demóstenes (político e o maior dos oradores gregos e da Antiguidade, segundo Plutarco), em Atenas.
375	Platão termina a redação de *A República*; nascimento de Filipe da Macedônia.
360	Nascimento de Pirro de Élis, considerado o primeiro filósofo cético e fundador da escola conhecida como pirronismo.
351	Demóstenes compõe a "Primeira filípica": pela primeira vez, um influente mestre da retórica denuncia as movimentações estratégicas de Filipe, chamando a atenção para o perigo que ameaça Atenas, cujo poder se desintegra diante das investidas macedônicas.
347	Morte de Platão; seu sobrinho, Espeusipo, assume a direção da Academia.
346	Tratado de Paz de Filócrates entre Atenas e Filipe da Macedônia; este se torna membro do Conselho de Delfos, o qual, supostamente, fiscaliza a manutenção da paz. Demóstenes profere o discurso político "Sobre a paz". O retórico Isócrates publica "A Filipe", texto em que afirma considerar o soberano macedônico como alguém capaz de liderar os gregos em uma união pan-helênica e de conquistar o Império Persa.

342	Filipe da Macedônia propõe aos atenienses oferecer-lhes a ilha de Halonese, submeter à arbitragem todos os litígios entre Atenas e Macedônia, assinar um tratado de comércio, além de transformar o Tratado de Paz de Filócrates em paz comum. Demóstenes e Hegésipo persuadem o povo a rejeitar todas essas ofertas; publicação de "Sobre a Halonese", de Hegésipo.
342/1(?)	Nascimento de Epicuro [em grego antigo: Ἐπίκουρος = o auxiliador, aquele que socorre e que defende, cf. Spinelli, 2013], sem dúvida em Samos; de acordo com algumas fontes, seu pai, Néocles, era professor.
340	Filipe conquista a Trácia, incorporando-a à Macedônia; os macedônicos apoderam-se de Olímpia. Praxíteles termina a sua estátua *Hermes e Dioniso criança*.
337	Filipe declara guerra à Pérsia.
336	Filipe é assassinado; seu filho Alexandre sobe ao trono da Macedônia.
335	Alexandre empreende uma expedição ao Danúbio e, depois, à Ilíria, para consolidar a sua fronteira, ao norte; apodera-se de Tebas, que é destruída. Aristóteles funda o Liceu, em Atenas. Nascimento de Zenão de Cítio.
334	Expedição de Alexandre à Pérsia.
327	Morte de Diógenes, o Cínico.
324/3(?)	Epicuro cumpre, durante dois anos, o serviço militar (*efebeia*), em Atenas; é também nesse período, ou imediatamente antes, que acompanha o ensino do filósofo Nausífanes de Téos, adepto da filosofia de Demócrito e discípulo do cético Pirro; mais tarde, negará

	com veemência tal ensinamento. Morte de Alexandre Magno.
322	Morte de Aristóteles e de Demóstenes.
311/0(?)	Epicuro ensina filosofia em Mitilene e Lâmpsaco; fundação de pequenas comunidades de "amigos"; em Mitilene, associa-se a Hermarco, que, por ocasião de sua morte, assumirá a direção da escola. Epicuro deixa a cidade de Lâmpsaco, em um contexto de hostilidade para com a sua doutrina; na viagem marítima para Atenas, escapa por pouco de um naufrágio.
306	Epicuro funda uma escola filosófica em uma pequena propriedade nos arredores de Atenas, o Jardim (*Kepos*); o local é escolhido por ser afastado do centro da cidade. As receitas provenientes da produção agrícola, assim como de outras propriedades de Epicuro, garantem a manutenção da escola.
301	O estoico Zenão de Cítio funda o Pórtico (*Stoa*), em Atenas.
300	Redação de *Os elementos*, de Euclides, e fundação do Museu de Alexandria.
287	Nascimento de Arquimedes.
271/0(?)	Morte de Epicuro.
270	Morte de Pirro.
262	Capitulação de Atenas diante do exército macedônico de Antígono Gônatas. Morte de Zenão de Cítio.
212	Tomada de Siracusa pelos romanos. Morte de Arquimedes.
148	Macedônia e Grécia sob o domínio de Roma.

106	Nascimento de Cícero.
101	Nascimento de Júlio César.
98(?)	Nascimento de Lucrécio.
90	Filodemo de Gadara segue, em Atenas, o ensino de Zenão de Sídon, escolarca (na Grécia Antiga, diretor de uma escola filosófica que garante a coerência da doutrina) do Jardim.
87	Atenas é saqueada pelo exército romano; as escolas filosóficas de Atenas são danificadas pelos invasores. O estoicismo e a doutrina de Epicuro são adotados rapidamente pela aristocracia romana.
80	Filodemo de Gadara, refugiado, instala-se na Campânia, na Vila dos Papiros — ou Villa dei Papiri, propriedade de Lucius Calpurnius Piso Caesoninus, político romano do século I a.C., último genro de Júlio César —, em Herculano (atualmente, o município de Ercolano), tendo criado no local uma gigantesca biblioteca epicurista.
58-50	Guerras Gálicas (série de campanhas bélicas empreendidas por Júlio César, na Gália).
55(?)	Morte de Lucrécio.
44	Assassinato de César; fim da República Romana.
37	Nascimento de Nero.
27	Otávio (nascido Caius Octavius em 63 a.C. e sobrinho-neto materno de Júlio César) recebe o título de imperador e adota o nome de Otávio Augusto.
19	Morte de Virgílio.
12	Nascimento de Fílon de Alexandria.

6 d.C.	A Judeia torna-se província romana.
46	Nascimento do filósofo e biógrafo Plutarco (Lucius Mestrius Plutarchus, depois de obter a sua cidadania romana), em Queroneia (atual Kaprena, Grécia), tendo falecido na mesma cidade, em 120.
54	Os judeus são expulsos de Roma. Morte do imperador Cláudio e entronização de Nero. Morte de Fílon de Alexandria.
58	Em Atenas, São Paulo discute com filósofos.
65	Suicídio de Sêneca — preceptor de Nero — e de seu sobrinho, Lucano.
66	Revolta na Judeia.
68	Morte de Nero.
70	Tomada de Jerusalém por Tito; destruição do Templo.
70-80	Redação dos Evangelhos Sinópticos (Mateus, Marcos e Lucas).
74	Filósofos e astrólogos são expulsos de Roma.
79	Erupção do Vesúvio, destruição de Pompeia e Herculano, soterramento da biblioteca epicurista de Filodemo.
94-95	Filósofos — incluindo o estoico Epicteto — são, de novo, expulsos de Roma.
129	Nascimento de Galeno de Pérgamo, médico e filósofo.
161	Entronização de Marco Aurélio; primeiras perseguições contra os cristãos.
176	Marco Aurélio funda, em Atenas, quatro cátedras de filosofia: platonismo, aristotelismo, estoicismo e epicurismo.

200	Atividade doxográfica de Diógenes Laércio. Diógenes de Enoanda manda edificar, na Turquia, um muro coberto com inscrições que resumem a doutrina epicurista (data incerta).
205-270	Nascimento e morte de Plotino.
260	Édito de tolerância para os cristãos.
312-313	Conversão do imperador Constantino ao cristianismo.
392	Proibição do paganismo por Teodósio, o Grande; o neoplatonismo constitui, em Atenas e Alexandria, um foco de resistência ao cristianismo.
398	Invasão dos hunos.
476	Deposição de Rômulo Augusto, último imperador romano do Ocidente.
529	Fechamento da Academia de Atenas. O imperador Justiniano proíbe por decreto o ensino da filosofia pagã; tal proibição atinge todas as escolas filosóficas, cujos membros são obrigados a se exilar.

Abreviaturas utilizadas

Epicuro
CHer. *Carta a Heródoto* (DL, X, 35-83, p. 291-302)
CMen. *Carta a Meneceu (sobre a felicidade)* (DL, X, 121-138, p. 311-315)
CPít. *Carta a Pítocles* (DL, X, 83-121, p. 302-311)
MP *Máximas principais* (DL, X, 138-154, p. 315-321)
SV *Sentenças vaticanas* (texto, trad. e coment. João Quartim de Moraes, ed. bilíngue, São Paulo, Folha de S. Paulo, Col. Folha Grandes Nomes do Pensamento, vol. 20, 2015).

Diógenes Laércio
DL *Vidas e doutrinas dos filósofos ilustres*. Livro X — Epicuro, p. 283-321, que inclui também o "Testamento de Epicuro" (16-22, p. 286-288) (trad. Mário da Gama Kury, 2. ed., reimpr., Brasília, Ed. UnB, 2008).

Cícero
De Fin. *De Finibus bonorum et malorum*, 45 a.C. (*Do sumo bem e do sumo mal*, trad. Carlos A. Nougué, São Paulo, Martins Fontes, 2005).

De Nat. Deor. *De Natura Deorum* (*Sobre a natureza dos deuses*, trad. Leandro Abel Vendemiatti, dissertação de mestrado, Instituto de Estudos da Linguagem da Unicamp, Campinas, 2003).[1]

Lucrécio
DRN *De Rerum Natura* (*Da natureza/Tito Lucrécio Caro*, trad. Agostinho da Silva, estudo introdutório de G. Ribbeck, São Paulo, Nova Cultural, col. Os Pensadores, 1988).

Usener (a primeira edição científica dos textos de Epicuro)
Us. *Epicurea* (Leipzig, 1887)

Hermann Diels (1848-1922) e **Walther Kranz** (1884-1960)
DK *Die Fragmente der Vorsokratiker* (Os fragmentos dos pré-socráticos)[2]

---

1. Essa obra é um estudo sob a forma de diálogo científico em que Cícero compara e critica as opiniões sobre os deuses das três principais correntes filosóficas de seu tempo — epicurismo, estoicismo e academia —, representadas por Caio Veleio, Lucílio Balbo e Cota, respectivamente. O diálogo está dividido, portanto, em três livros (ou capítulos): o primeiro livro traz a exposição da teologia epicurista e sua refutação feita por Cota, o acadêmico; no segundo, é apresentada a teologia estoica; e, no terceiro, Cota refuta essa visão estoica sobre os deuses (cf. Cícero, *Sobre a natureza dos deuses*, 2003, p. X-XII).
  Nesta tradução, todas as citações se referem ao primeiro livro. [N.T.]
2. Coletânea de todos os documentos antigos referentes à vida e à doutrina dos chamados filósofos pré-socráticos — ou contendo alguma citação deles —, iniciada pelo filólogo, helenista e historiador da filosofia alemão Hermann Diels. Após 1934, essa obra colossal foi retomada pelo filósofo, historiador da filosofia e filólogo clássico alemão Walther Kranz, tendo passado a ser conhecida como Diels-Kranz, ou DK. Cf. J. C. de Sousa, *Os pré-socráticos: fragmentos, doxografia e comentários*, São Paulo, Abril Cultural, col. Os Pensadores, vol. I, 1972.
  Para a referência dos textos em francês utilizados pela autora, cf. Indicações bibliográficas: B. Fontes primárias — 1. Epicuro; e 3. Epicurismo romano: Cícero e Lucrécio. [N.T.]

Preâmbulo

Epicuro: desprezá-lo.
Flaubert, "Dicionário das ideias feitas"[1]

Epicuro (342/1?-270 a.C.) é um filósofo que sofreu por ser demasiado conhecido. Ora, segundo a afirmação de Hegel, "o bem conhecido em geral, justamente por ser bem conhecido, não é reconhecido".[2] A *doxa* identifica, indiscriminadamente, o epicurismo com um hedonismo um tanto rudimentar; tal contrassenso persegue o filósofo do Jardim, inclusive no vocabulário mais corrente.

O que é um epicurista além de um *bon vivant*, gozador, libertino, mais interessado pela sua mesa e cama do que pela elevação de sua alma? O próprio Epicuro é sem dúvida responsável, em parte, por essa realidade: a sua vontade de propor uma doutrina popular, de uma total simplicidade, fácil de compreender e de memorizar, favoreceu tal reputação. A sua crítica aos saberes de seu tempo, ao modo de sua transmissão, a sua contaminação por um modelo matemático cada vez mais hegemônico,

---

1. G. Flaubert, *Bouvard e Pécuchet*, trad. Marina Appenzeller, São Paulo, Estação Liberdade, 2007, p. 372. [N.T.]
2. G. W. F. Hegel, "Prefácio", in: *Fenomenologia do espírito*, trad. Paulo Meneses, 2. ed., Petrópolis, Vozes, 1992, p. 37.

abriu o caminho para a acusação de laxismo lógico e de pedantismo. A hipótese física do átomo — de que ele não é, propriamente falando, o inventor, mas irá desenvolvê-la com genialidade a partir da herança de Demócrito — é considerada, durante muito tempo, como uma intuição vaga, ingênua, sem coerência científica.

No entanto, o epicurismo oferece o precioso tesouro de uma filosofia eficaz — até mesmo de uma filosofia da eficácia: são raros os pensadores cuja preocupação tenha sido tão grande quanto a de Epicuro em propor um pensamento fácil de apreender e de ser posto em prática. As sabedorias na Antiguidade são muitas vezes consideradas como "gêneros de vida"[3]; a sua vocação não é começar por fornecer sistemas teóricos exaustivos, mas estabelecer regras para a conduta dos seres humanos. Elas são métodos para alcançar uma existência aprazível. Essa visão tradicionalista e ingênua pelo fato de ter em conta unicamente seu aspecto positivo, divulgada pela crítica moderna, é, em medida bastante ampla, exata — se estivermos precavidos para não hipostasiar uma distinção anacrônica entre campo teórico e campo prático, pouco pertinente para compreender as filosofias antigas; é inevitável, entretanto, constatar que esse cuidado nem sempre resulta em uma proposição de existência que seja realmente praticável. E, sobretudo, convém reconhecer que o postulado *materialista* — cuja pretensão consiste em organizar a vida do filósofo aprendiz de acordo com a sua realidade mundana, levando em conta os critérios físicos da felicidade e, para resumir, prometendo a felicidade *aqui e agora* — só foi adotado raramente na história do pensamento antigo. Epicuro é um dos poucos pensadores que, tendo desejado apreender tal postulado e apropriar-se dele, nunca chegaram a atraiçoá-lo: por essa única razão,

---

3. Tese popularizada, em particular na França, por Pierre Hadot (1995).

ele deve ser distinguido de seus contemporâneos; o gênero de vida proposto por ele não tem equivalente.

A luta contra a tentação de qualquer equiparação significa, portanto, procurar compreender o que o epicurismo, hoje, pode propor de novo e estimulante para o pensamento filosófico — tentativa que passa necessariamente por um trabalho de esclarecimento dessa doutrina, além da valorização do que faz a sua originalidade e consistência. Haveria, de fato, interesse em voltarmos a nos apropriar de determinados conceitos epicuristas, de tal maneira que as problemáticas abordadas pelo epicurismo coincidam com algumas de nossas preocupações atuais. Será que é possível pensar a mente como um órgão? Qual é a origem da vontade? Como precaver-se contra a superstição religiosa? Ao ser eliminada a crença em uma providência divina ou ordem sobrenatural das coisas, o que servirá de estrutura à natureza e às sociedades humanas, desde a origem? Todas essas questões são tratadas por Epicuro e, às vezes, de maneira surpreendentemente moderna.

No entanto, elas com frequência têm deixado de fazer parte dos manuais de história da filosofia por causa de uma percepção distorcida do *corpus* epicurista. A crítica erudita aniquila o epicurismo sob sua ética; salvo a identidade proposta por Epicuro entre *prazer* e *soberano bem*, nada há a compreender nem a ser adotado. A palavra de ordem hedonista do Jardim — talvez em virtude do escândalo que provocou — eclipsa aos olhos do leitor a riqueza real de conteúdo e a variedade dos temas abordados por essa filosofia.

Visão bastante reduzida de um sistema complexo, sutil, que torna exatamente a "diferença" (*diaphora*) em uma de suas categorias privilegiadas, tendo a pretensão de aprofundar tanto a física quanto a noética e a teoria da linguagem. No entanto, para conhecê-lo, impõe-se *ler* esse autor. A nossa apresentação da filosofia de Epicuro, sem deixar de sublinhar o papel estruturante desempenhado por sua ética, insistirá na física e na canônica, além de abordar questões que, aparentemente mais marginais, concentram, em nossa opinião, os aspectos mais fecundos e singulares do epicurismo: por exemplo, o estatuto da cultura ou *paideia*, o qual — ao contrário do que ocorre com quase todos os seus contemporâneos — é rejeitado pelos epicuristas; a teologia epicurista e as dificuldades que ela suscita em relação ao postulado empirista de Epicuro; ou ainda a posição polêmica, quase única em seu gênero, adotada pelo Jardim frente à dialética.

No mesmo impulso de reapropriação, procuraremos reintegrar o pensamento de Epicuro em uma história, inseri-lo nos debates intelectuais de seu tempo e levar em conta o devir de uma doutrina cujo autor se preocupou, desde o começo, com as condições de sua transmissão. Tal postura implica ter uma percepção justa da situação do *corpus* epicurista, além de distinguir em seu âmago o que pertence às intuições primeiras de Epicuro e o que só nos foi transmitido por uma tradição fiel, mas às vezes cronologicamente muito distante do fundador.

Os textos atribuídos a Epicuro suscitam dificuldades específicas de natureza filológica e bibliológica; à semelhança do que ocorre com numerosas doutrinas na Antiguidade, o que sabemos do epicurismo é, em grande parte, tributário de textos apócrifos, às vezes de fiabilidade duvidosa, não nos restando outra escolha além de utilizá-los como referência. O epicurismo, porém, oferece igualmente o caso, quase único, de um pensamento transmitido por uma verdadeira série de discípulos, cuja única ambição consistia em evitar a distorção das palavras do mestre. Eis o motivo pelo qual, além da própria pessoa de Epicuro, teremos também de prestar atenção a outras opiniões, as de todos os sequazes do Jardim dos quais conservamos alguns fragmentos preciosos, até mesmo algumas obras inteiras, e que tiveram o cuidado "filantrópico" de ensinar, por sua vez, a doutrina pela qual, de acordo com a sua crença, tinham sido literalmente salvos.

Nesta apresentação, afastamo-nos voluntariamente da ordem habitual de exposição das doutrinas filosóficas helenísticas e só nos submetemos de forma muito superficial à tripartição em "lógica, ética e física", a qual de fato parece não ter sido respeitada pelos próprios epicuristas. Após um primeiro capítulo dedicado à apresentação da paisagem intelectual em que surgiu o epicurismo, abordaremos as principais questões formuladas por essa filosofia: o que é o mal e como livrar-se dele? A que se atribui o nome de natureza? Como podemos conhecê-la?

A resposta à primeira questão implica uma incursão na ética, mas também na psicossomática epicurista, isto é, em sua concepção da alma, do corpo e da união de uma com o outro. A resposta à segunda questão concentra, ao mesmo tempo, teses físicas e éticas, porque a inserção do ser humano no seio da natureza levanta a questão de seu *status* enquanto espécie, de sua evolução direcionada para um sistema social e de sua problemática liberdade. Enfim, a terceira questão envolve a exposição da canônica epicurista, ou seja, teorias do critério e da demonstração, procedimentos metodológicos pelos quais temos acesso ao conhecimento. Mas, ainda nesse caso, para tratar de tal questão, teremos de nos aventurar nos meandros da física, a fim de expor a teoria epicurista da sensação, indispensável para apreender os pressupostos de sua lógica. O último capítulo, restabelecendo o elo com as problemáticas históricas vistas no começo deste livro, propõe uma abordagem mais vertical da doutrina, por intermédio de seus pontos de "ruptura epistemológica" — ou seja, um estudo de alguns aspectos particularmente provocadores e surpreendentes da doutrina epicurista para os contemporâneos do Jardim.

Que este singelo livro possa desempenhar, por sua vez, o papel de guia para uma descoberta pessoal da enérgica doutrina do filósofo do Jardim[4]:

> Com efeito, se é verdade que, diferentemente de algumas facções que devem seu vigor à abundância de seus sequazes, o ensinamento [de Epicuro] está coberto de imundície em virtude de sua solidão, deve-se mesmo assim tentar ver se uma vereda no mato não estará em melhores condições do que uma estrada ampla e deteriorada para conduzir à verdade que é algo tão inacessível; deve-se mesmo assim aprofundar e explorar para verificar se, de uma montanha negligenciada e estéril, não será possível extrair um ouro incomparavelmente superior a todas as pedras que se encontram por toda parte.[5]

---

4. Esse cuidado em favorecer uma leitura direta do *corpus* epicurista explica a raridade das notas de erudição; optamos por limitar as anotações, exceto quando é feita alusão a controvérsias hermenêuticas cujo conhecimento, em nossa opinião, é indispensável a quem pretende descobrir o epicurismo. Em compensação, propomos no final do volume uma bibliografia relativamente abundante e apresentada de maneira temática.
5. P. de Gassendi, "Dédicace", in: *Vie et moeurs d'Epicure*, trad. do latim S. Taussig, Paris, Alive, 2001, p. 120; sobre esse autor, ver mais adiante, p. 30, nota 8.

I
A escola de Epicuro

1.1. Vida e morte de Epicuro

Segundo as indicações fornecidas por vários historiadores, o nascimento de Epicuro teria ocorrido por volta do ano de 341 a.C., existindo fontes contraditórias sobre o lugar exato desse evento. Epicuro era ateniense por parte do pai, Néocles, mas talvez tenha nascido em Samos, uma colônia de Atenas; por outro lado, é possível comprovar a sua presença nessa cidade em vários períodos de sua existência, assim como a fundação de uma escola filosófica epicurista às portas da pátria de Sócrates.

Proveniente de um ambiente modesto, ele parece ter manifestado bem cedo a sua apetência pela filosofia, começando a ensinar em 311, a princípio em Mitilene, cidade em que teve de enfrentar, visivelmente de maneira bastante violenta, o aristotelismo que se tinha imposto aí desde Teofrasto (371-287 a.C.)[1], e depois em Lâmpsaco, *polis* em que sofreu perseguições devido a seus ataques contra a influência da astrologia e da teologia astral nessa região. Essas primeiras experiências são, para ele, a ocasião de agrupar em torno de sua doutrina certo número de

---

1. Filósofo e cientista, sucessor de Aristóteles na direção do Liceu.

familiares, alguns dos quais hão de segui-lo ao instalar definitivamente a sua escola em Atenas; aliás, parece que comunidades epicuristas chegaram a implantar-se nessas duas cidades, como atesta a existência de uma "Carta aos amigos de Lâmpsaco", conservada infelizmente sob uma forma bastante fragmentária. Por volta de 306 a.C., Epicuro adquire uma propriedade nos arredores de Atenas, dotada de um jardim. Essa palavra logo serviu para identificar a escola: instaurou-se aí um modo de vida comunitário, ritmado por refeições (frugais), pela celebração de aniversários em determinadas datas[2] e por atividades filosóficas. Ele morre em 270 a.C.

Como todas as figuras importantes da Antiguidade, Epicuro é, na maneira de ver de seus biógrafos, identificado com a sua filosofia — e, evidentemente, o epicurismo é uma filosofia de má reputação. Daí a proliferação de histórias pitorescas, sem dúvida apócrifas, que visam fazer coincidir o homem e o seu pensamento, além de suscitar no leitor honesto uma reprovação conveniente contra esse "propalador de obscenidades", de acordo com uma expressão atribuída a Epicteto (50-125 d.C.)[3], ignorante, sedutor, glutão, e contra todos esses "porcos"[4] que tiveram a audácia de acompanhá-lo em sua ignomínia.

---

2. No "Testamento de Epicuro" (cf. DL, X, 16-22, p. 286-288) é que são instituídas, como regra, tais celebrações, além daquela, mensal, de sua morte: "reunião de todos os nossos companheiros em filosofia, no dia 20 de cada mês, dedicada à nossa recordação e à de Metrodoro" (ibidem, 18, p. 287).

3. Filósofo estoico, fundador de uma escola no Épiro; o seu ensinamento irá modificar de maneira duradoura as posições éticas do Pórtico (*Stoa*).

4. Termo de Horácio (65-8 a.C.) — poeta lírico e satírico romano, além de filósofo —, que, por sua vez, era membro autoproclamado da espécie porcina: "um porco da grei de Epicuro". [Cf. "Epístola a Álbio Tibulo", I, 4, in: A. P. Piccolo, *O Homero de Horácio: intertexto épico no livro I das Epístolas*, dissertação de mestrado, Instituto de Estudos da Linguagem Unicamp, Campinas, 2009, p. 49. (N.T.)]

Essas histórias provêm de fontes bastante variadas, tanto de escolas adversárias (em particular de círculos estoicos[5] e acadêmicos) quanto de trânsfugas independentes, decepcionados com o epicurismo, tais como Timócrates ou Metrodoro de Estratonice.[6] Entre os autores latinos, Cícero — apesar de ser uma fonte muito importante para o nosso conhecimento do epicurismo — descreve muitas vezes essa doutrina como um emaranhado de sandices:

> De fato, são repetidas por vós como lições essas afirmações de que Epicuro sonhou bocejando, pois na verdade ele se vangloriava, como vemos em seus escritos, de não ter tido nenhum mestre. Entretanto, com facilidade decerto eu acreditaria nele, mesmo que ele não dissesse isso publicamente, assim como acreditaria no proprietário de uma construção malfeita que se vangloria de não ter solicitado os serviços de um arquiteto; de fato, na casa de Epicuro, nada faz lembrar a Academia, nem o Liceu, tampouco os ensinamentos pueris. (De Nat. Deor., XXVI, 72, p. 39)

O período mais nefasto para o epicurismo parece ter sido o século II a.C.: nesse momento, com o desaparecimento de seu fundador, constituiu-se a má reputação da escola, que levou algum tempo para se recuperar desse eclipse sombrio; foram necessários todos os esforços dos sucessores de Epicuro para lutar contra essa percepção negativa a respeito do epicurismo.

---

5. Cf. F. Ildefonse, *Os estoicos I*, São Paulo, Estação Liberdade, 2007, col. Figuras do Saber, vol. 17. [N.T.]
6. Timócrates e Metrodoro de Estratonice são dois discípulos de Epicuro que abandonaram o Jardim, provavelmente para se juntar à Nova Academia cética; não há certeza em relação às datas de nascimento e morte desses personagens, além do fato de Metrodoro ter sido, sem dúvida, aluno de Apolodoro (140-100 a.C.).

Pelo contrário, é preciosa para nós a biografia de Diógenes Laércio, doxógrafo do século III d.C., visto que Epicuro é um dos raríssimos personagens que ele procura apresentar sob um aspecto favorável. No Livro X de *Vidas e doutrinas dos filósofos ilustres*, após ter feito o inventário do conjunto de malevolências transmitidas pela tradição antiepicurista, vê-se que ele toma a defesa do pensador em termos bem mais que elogiosos:

> Esses detratores, porém, são uns desatinados porque nosso filósofo apresenta testemunhos suficientes de seus sentimentos insuperavelmente bons para com todos: a pátria que o honrou com estátuas de bronze; os amigos, cujo número era tão grande que não podiam ser contados em cidades inteiras; todos aqueles que conviviam intimamente com o filósofo, ligados a ele pelo vínculo do fascínio de sua doutrina, como se fosse uma sereia (se exceturamos Metrodoro de Estratonice, que se transferiu para a escola de Carnéades[7], talvez porque a invencível bondade do mestre lhe pesasse); a continuidade ininterrupta de sua escola que, com a extinção de quase todas as outras, permanece para sempre [...]; e a gratidão a seus pais, a generosidade para com os irmãos, a gentileza em relação aos servos [...]; e, de um modo geral, a sua filantropia extensiva a todos. (DL, X, 9-10, p. 285)

Vários séculos depois de Diógenes Laércio, em 1647, é o próprio Gassendi[8], preboste da catedral de Digne, que

---

7. Esse filósofo (215?-129 a.C.), discípulo do estoico Diógenes de Babilônia e fundador da Nova Academia, é um dos responsáveis pela mudança cética da escola de Platão; dialético temível, ele combateu com muito vigor os estoicos e os epicuristas.
8. Pierre de Gassendi (1592-1655), teólogo, matemático e filósofo. Esse padre erudito e de grande liberdade de pensamento foi correspondente

pretende reabilitar a memória de Epicuro em uma obra, já citada, *Vie et mœurs d'Epicure*, na qual a erudição está a serviço de uma evidente admiração:

> Longe de mim a pretensão de defender que Epicuro não cometeu faltas, ou que foi o único a descobrir a verdade, como alguns de seus sequazes chegaram a se gabar: afirmo apenas que a legenda que foi comumente espalhada a seu respeito surgiu, de maneira bastante injusta, da maledicência por parte dos sequazes de outros partidos, movidos outrora por inveja e autoridade, hoje por menosprezo e efeito manada. De fato, o que acontecerá se, após ter instruído de modo mais completo a sua causa, ficar provado que a sua inocência, a sua retidão e a sua austeridade são mais convincentes do que as de qualquer outro filósofo? Que a sua inteligência manifestou tal perspicácia e o seu discernimento tal maturidade que é difícil encontrar algo semelhante em todos os outros?⁹

Para seus defensores, Epicuro é um notável erudito; a sua trajetória intelectual é pressentida como a de um gênio precoce e as suas numerosas reivindicações de autodidaxia se tornam a prova de sua independência de espírito e de sua originalidade.¹⁰ A sua afabilidade é igualmente descrita

---

de Galileu e de Descartes, tendo dedicado uma grande parte de sua vida à tradução latina, ao comentário e à reabilitação da obra filosófica de Epicuro, a qual, em seu entender, era mais apta que o aristotelismo para acompanhar o movimento de modernização das ciências.

[Para mais informações sobre Gassendi, cf. "Apêndice — Gassendi, sua obra e seu papel no reviver do epicurismo", in: A. Gigandet e P.-M. Morel, *Ler Epicuro e os epicuristas*, São Paulo, Loyola, 2011, p. 244-253, col. Leituras Filosóficas. (N.T.)]

9. P. Gassendi, op. cit., p. 119.
10. Ainda que tivesse provavelmente recebido, ao menos em parte, a educação clássica dos cidadãos atenienses cultos (a famosa *paideia*, que,

como proverbial, assim como a sua generosidade, de acordo com uma sentença atribuída pela tradição a Hermarco de Mitilene, o segundo escolarca (chefe da escola) do Jardim:

> A vida de Epicuro, comparada às dos outros homens, merece, por sua amabilidade e por sua autonomia, ser considerada legendária. (SV 36, p. 31)

Segundo os lugares-comuns da moral antiga — que, desde Sócrates, pressupõe que "filosofar é aprender a morrer" —, julga-se um sábio a partir da sua morte: a de Epicuro é exemplar, com a condição de que tenha ocorrido realmente de acordo com os testemunhos a seu respeito. O sábio antigo não estabelece dissociação entre o seu pensamento e a sua vida — ele leva uma vida filosófica, cujo término é como uma última demonstração da verdade de sua doutrina. O "Testamento de Epicuro", copiado por Diógenes Laércio, revela um homem preocupado com a sorte de seus escravos, de seus amigos e das respectivas famílias, desejoso de garantir a sobrevivência da comunidade fundada por ele. Epicuro organiza a sua sucessão de maneira a legar a propriedade do Jardim a Hermarco, "assim como a seus companheiros em filosofia, e também àqueles que Hermarco deixar como os seus sucessores na direção da escola, para lá viverem e estudarem, de modo a poderem colaborar da melhor maneira possível [...] em sua preservação" (DL, X, 17, p. 287). Falando propriamente de sua morte, ela foi, sem dúvida, muito dolorosa (ele sofria de cálculos renais, ou gravela), tendo sido descrita como notável pela demonstração de serenidade e coragem por parte de Epicuro:

---

posteriormente, será objeto de sua crítica bastante virulenta), além de ter sido aluno do filósofo Nausífanes, Epicuro desejava ser considerado como "sem precursor".

Quando estava prestes a morrer, ele dirige-se a Idomeneu: "Neste dia feliz, que é também o último dia de minha vida, escrevo-te esta carta. As dores contínuas resultantes da estrangúria e da disenteria são tão fortes que nada pode aumentá-las. Minha alma, entretanto, resiste a todos esses males, alegre ao relembrar as nossas conversações passadas". (DL, X, 22, p. 288)[11]

Há, portanto, um mundo entre essas duas apresentações concorrentes do mesmo personagem, entre a imagem do pedante sedento de prazer e a do nobre ancião com um final de vida edificante. As vicissitudes da transmissão histórica fazem com que, para nós, seja bem delicado distinguir entre esses retratos contraditórios. A verdade do personagem permanece oculta para nós, encontrando-se provavelmente a meio caminho entre essas duas descrições. Epicuro não foi, decerto, um santo; ocorre que um sujeito pusilânime e tolo não teria conseguido fundar uma escola capaz de perdurar por quase cinco séculos. No entanto, se a questão da natureza real do personagem histórico continua sem solução, o mesmo não ocorre com a temática de sua filosofia. Em vez de procurar reabilitar o indivíduo Epicuro, questionemo-nos a respeito do que, no próprio epicurismo, acabou suscitando, desde a origem, tamanha reprovação e, ao mesmo tempo, tanto entusiasmo; além disso, tentemos depreender as condições históricas e filosóficas de seu surgimento enquanto *corpus doutrinal constituído*.

---

11. Epicuro morreu em consequência de cálculos renais, depois de ficar acamado durante catorze dias, como diz Hermarco nas "Epístolas" (DL, X, 15, p. 286). E Diógenes Laércio acrescenta: "Há o seguinte epigrama de nossa autoria a seu respeito: 'Adeus, e lembrai-vos de minha doutrina!' Essas foram as últimas palavras de Epicuro moribundo aos amigos; entrando, então, na tina de água quente, ele bebeu um gole de vinho puro e no mesmo gole o frio do Hades" (ibidem, 16, p. 286). [N.T.]

1.2. A noção de escola filosófica no período helenístico

Epicuro é um pensador do período *helenístico*; desse modo, a sua situação cronológica não deixa de ter consequências sobre a sua maneira de conceber e de praticar a filosofia. O adjetivo "helenístico" designa o período histórico que se segue à morte de Alexandre (c. 323 a.C.) e que se caracteriza pela queda do modelo político da *Cité* [cidade-Estado da Grécia Antiga] e pela submissão progressiva da Grécia ao poderio romano.

Durante esse período, as escolas filosóficas clássicas, surgidas em Atenas no século IV a.C. — a Academia e o Liceu —, veem a sua influência decrescer, em benefício de novas "seitas" que se entregam a acirradas polêmicas para atrair o maior número possível de adeptos. Dessa atmosfera estimulante de luta intelectual, é possível destacar três correntes que hão de conhecer um destino particular: o ceticismo, o estoicismo e o epicurismo.[12]

Três séculos mais tarde, a audiência desses grupos começa, por sua vez, a declinar, em benefício de novas práticas e de novos conteúdos filosóficos. Progressivamente, o cristianismo e a sua promessa escatológica desferem um golpe fatal nessas escolas, cujo aspecto comum

---

12. É difícil aplicar o termo "escola", tal como iremos defini-lo, ao ceticismo; trata-se de uma questão debatida, o que explica o motivo de nossa preferência em utilizar, para esse caso preciso, o termo "corrente".

    Se o ceticismo como pré-requisito é um "ingrediente" comum a todas as posturas filosóficas ao abordarem um problema, a sistematização da dúvida como a única modalidade possível de um discurso filosófico (a suspensão do juízo ou *épochè*) é a característica específica do pensamento chamado cético. No entanto, tal sistematização efetua-se de diversas formas e em diferentes graus. É possível estabelecer a distinção entre três "escolas" céticas em sentido próprio: o pirronismo, a Nova Academia e o neopirronismo. A sua história abrange cronologicamente a totalidade do período helenístico. Sobre a história do ceticismo antigo, podemos consultar C. Lévy, *Les Philosophies hellénistiques*, Paris, Le Livre de Poche, 1997, cap. IV, p. 181 ss.

era propor uma via secular para atingir a "vida feliz". O epicurismo, em particular, será lançado à execração pública à medida que o conteúdo dessa doutrina parece totalmente incompatível com os princípios teóricos e práticos do cristianismo.

Durante muito tempo, o período helenístico foi percebido como um eclipse entre dois sóis: após a idade de ouro da Grécia clássica, a de Sócrates, dos grandes sofistas e de Péricles (495-429 a.C.)[13], assim como a de um dos maiores oradores da Antiguidade, Demóstenes (384-322 a.C.); e antes do rápido desenvolvimento da Ásia Menor e de Bizâncio, cidade que, no começo da cristandade, é o centro científico do mundo conhecido. As seitas filosóficas helenísticas são consideradas, ainda com demasiada frequência, como "pequenas escolas", agitadas por debates estéreis e obscuros; tal preconceito é provocado pela dificuldade em se identificar o âmago da profusão de grupelhos que aparecem no mesmo momento e também pela ausência cruel de textos bem conservados, que nos permitiriam conhecer, de maneira mais precisa, o conteúdo real desses debates.

Ao contrário, convém apresentar Atenas, no século III, como um vasto fórum intelectual, um verdadeiro mercado de escolas extremamente ativo; aí, o conhecimento tem boa reputação, antes de tudo, por razões históricas. Nesse período conturbado, os atenienses, um tanto traumatizados pela perda de sua influência e pela lenta agonia de sua democracia, procuram novas referências de natureza moral que, segundo parece, a filosofia está em condições de lhes proporcionar. Devido aos progressos da navegação, mas também ao surgimento de uma língua grega comum, a *koiné*,

---

13. Grande chefe de Estado ateniense, eleito estratego catorze vezes seguidas; foi um dos artífices da hegemonia política e cultural de Atenas, durante o período clássico.

que se impõe no conjunto dos territórios conquistados por Alexandre, a bacia mediterrânea se torna uma formidável plataforma de intercâmbio.

O mundo helenístico ampliou consideravelmente as fronteiras e o conhecimento progrediu na mesma proporção. O pensamento clássico havia formulado, com uma clareza notável, certo número de questões fundamentais tanto sobre a natureza da mente e do conhecimento quanto sobre as principais noções a respeito da moral. O que significa "saber"? Em que grau se pode dizer que se possui a ciência de algo? Como determinar com rigor o que é justo? O saber helenístico — profuso e, sobretudo, pluridisciplinar — tentará esclarecer essas questões, utilizando novos conceitos e novas ferramentas, no seio dessas famosas seitas que nos parecem hoje um modelo muito curioso de funcionamento filosófico.

A que remete esse termo "seita" — em grego, *hairesis* —, que significa "preferência" ou "escolha"? Em primeiro lugar, ele não estava reservado às escolas filosóficas; é possível encontrar igualmente seitas de médicos, matemáticos, músicos... Trata-se, antes de tudo, de agrupamento de alunos em torno da pessoa de um mestre (o escolarca) e de sua doutrina. A vida dos membros da seita é dedicada, em grande parte, ao estudo da doutrina, pelo viés dos ensinamentos do mestre e, depois, de seus sucessores, assim como à análise crítica das doutrinas adversárias, a fim de serem capazes de responder aos ataques de seus defensores.

Assim, a escolha de uma seita não implica, no plano intelectual, uma marginalização absoluta, uma vez que a própria sobrevivência do grupo o obriga a conhecer o que se faz alhures. No entanto, a filiação a uma seita acarreta certamente uma forma de separação, tanto no plano teórico — o compromisso de aderir plenamente a uma doutrina, com exceção de todas as outras — quanto no plano prático, na medida em que os membros das seitas se apropriam, muitas vezes, mas não sistematicamente, do princípio da vida comunitária, pelo menos durante o período de formação. As escolas filosóficas adotam, aliás com frequência, o nome do lugar em que se reúnem os seus membros, independentemente de se tratar de um local de vida ou apenas de ensino. O modo de transmissão do saber permanece, de fato, prioritariamente oral, e os cursos que promovem a reunião dos adeptos situam-se em recintos agradáveis, em que é possível passar longas horas a estudar e discutir.

Assim, o Pórtico (*Stoa*) designa a seita estoica por causa do costume adotado por essa escola de se reunir sob a colunata situada perto da Ágora de Atenas. O simbolismo do local escolhido é evidente: o estoicismo, que valoriza a participação do sábio nos negócios públicos, está geograficamente aberto no local mais ativo da *cité*. Ao contrário, o Jardim de Epicuro é um lugar fechado, protegido, afastado do frenesi do mundo, porque o sábio epicurista desconfia da política e se recusa a envolver-se nela.

As seitas são muito populares e quase todos os gregos cultos se interessam por esse tipo de atividade; no entanto, somente alguns indivíduos, dotados ao mesmo tempo de capacidades intelectuais, de rigor moral e de independência financeira, tornam-se seus membros permanentes. O que o Jardim tem de particular é que parece ter sido uma das seitas mais abertas e liberais na escolha de seus adeptos; a tradição relata, com efeito, que a comunidade do Jardim acolhia mulheres e estrangeiros, além de permitir que determinados escravos pertencentes aos membros participassem dos ensinamentos. Essas particularidades poderiam perfeitamente ter sido, em parte, inventadas por adversários de Epicuro a fim de desacreditar a escola. Mas alusões a essa liberalidade são encontradas em testemunhos que lhe são favoráveis: além de seus servos cultos, parece que ele admitia a presença de mulheres letradas, algumas das quais eram as companheiras de seus amigos.

No entanto, a liberalidade sociológica do Jardim é acompanhada por um extremo rigor doutrinal: ele oferece o exemplo da seita que reivindicou, sem dúvida, o isolamento filosófico mais radical, preservando com um cuidado quase maníaco o pensamento de seu fundador e tolerando posteriormente apenas raras mudanças. Um testemunho de Numênio (século II d.C.?)[14] é, nesse sentido, particularmente eloquente:

> Nunca, de maneira alguma, eles [os epicuristas] foram vistos defender o contrário de Epicuro; à força de admitir que compartilhavam as ideias de um sábio, eles também usufruíram, e não sem razão, desse título; e, desde há muito, tem sido reconhecido aos epicuristas posteriores que nunca houve contradição, seja entre si, seja em relação a Epicuro, em nada de que valesse a pena falar; entre eles, isso é uma ilegalidade ou, antes, uma impiedade, e qualquer novidade é proibida. Nunca também alguém chegou a ousar isso, e as opiniões deles repousam em grande paz pelo fato do seu constante acordo mútuo. E a escola de Epicuro assemelha-se a um verdadeiro Estado, sem a mínima sedição, animado pelo mesmo espírito, por uma só vontade; deste modo, eles foram, são e provavelmente continuarão sendo zelosos defensores dessa doutrina.[15]

---

14. Filósofo neoplatônico influenciado pelo pitagorismo, que procurou aproximar o helenismo do pensamento judaico (diz-se que ele comparou Platão a um "Moisés ático"); a sua obra é conhecida apenas por fragmentos citados por Orígenes e Eusébio, dois autores cristãos dos séculos II e III da nossa era.
15. Numênio, *Sobre a infidelidade da Academia a Platão*; cf. Eusébio, *Præparatio evangelica*, livro XIV, cap. 5.3 (obra destinada a provar a excelência do cristianismo sobre todas as religiões e filosofias pagãs).

Impõe-se, contudo, proceder a algumas modulações nesse quadro. Veremos que houve mudanças, às vezes importantes, associadas à emergência de polêmicas com as escolas adversárias. Além disso, o epicurismo conhecerá, sob o Império Romano, certo sucesso nos meios literários e, por isso, sofrerá uma forma de aculturação, de apropriação à cultura romana — o que acarretará modificações marginais, mas bem concretas. É verdade, porém, que não há registro, na história da doutrina, de nenhum epicurista dissidente.

Todos os sucessores de Epicuro estarão empenhados em transmitir um epicurismo "puro" e original. Pode-se citar o caso de Zenão de Sídon, escolarca do século I a.C., mestre de Filodemo de Gadara, que dedicará parte de sua vida a escrever um catálogo das obras de Epicuro, para o qual utilizará as técnicas editoriais desenvolvidas pela filologia alexandrina.[16] Essa preservação minuciosa é a aplicação direta do desejo manifestado por Epicuro em seu famoso testamento. O mestre legou o seu pensamento e os seus livros como uma herança preciosa, que, além da obrigação de mantê-la intacta, sem nenhum desvio ou deturpação, é necessário levar a dar frutos. Mas, no plano estritamente material, como ocorreu essa transmissão até nós?

[Eusébio (c. 265-339) foi bispo de Cesareia e é conhecido como o pai da história da Igreja porque nos seus escritos — entre os quais, a *História eclesiástica* [ἐκκλησιαστικῆς ἱστορίας] — estão os primeiros relatos sobre o cristianismo primitivo; cf. http://bcs.fltr.ucl.ac.be/ENCYC-1/eusebe.htm. (N.T.)]

16. Em 295 a.C., foi criado no Museu de Alexandria o que é, sem dúvida, o primeiro laboratório de crítica textual da história. Um grupo de eruditos (Demétrio de Falero, Aristarco, Apolônio de Rodes), bibliotecários desse conjunto considerável de livros, movido pela preocupação do rigor científico e literário (propor uma versão correta, a mais próxima possível da original, dos textos conservados), aprimora técnicas de filologia que prefiguram as edições críticas modernas (estabelecimento de catálogos sistemáticos e de léxicos, identificação de trechos recopiados ou inseridos equivocadamente, comentários).

O caso da sobrevivência da obra de Epicuro é um tanto particular. Por intermédio de Diógenes Laércio, ficamos conhecendo a abundância de seus escritos:

> Epicuro foi um polígrafo extraordinário e superou todos os seus antecessores pelo número de obras que totalizaram cerca de trezentos rolos; nelas não há citações de outros autores, sendo todas palavras do próprio Epicuro.[17]

Quando se sabe que um rolo media, na época, entre nove e quinze metros, é possível imaginar o seu tamanho. O fato de Epicuro não citar ninguém tem a sua importância, em um período em que a prática da citação é bem diferente da nossa. Com efeito, nos textos antigos, é prática comum deixá-la sem nenhuma marca específica, tornando difícil a sua identificação se o autor não tiver o cuidado de indicar que se trata de uma citação; tal procedimento se explica pela natureza do livro antigo, constituído de rolos bastante extensos e ocupando demasiado espaço.

Em tal contexto, tanto a tomada de notas como a releitura são atividades complexas. A citação dissimulada foi, muitas vezes, aprendida de cor, e o autor espera que o próprio leitor possa identificá-la sem dificuldade; ela é utilizada como um suporte para o comentário, e sua chamada evita ao leitor o trabalho cansativo — e, na maioria das vezes, impossível — de verificar a fonte original. Numerosos autores alimentam assim a sua obra com outros textos — o que suscita, quando há realmente abuso, motejos cruéis. Epicuro, portanto, possui esta característica notável: ele não cita; os seus textos são totalmente originais.

---

17. DL, X, 26, p. 289; e também os títulos das melhores obras, ibidem, 27-
   -28, p. 289.

O que resta desses milhares de linhas? Da própria mão de Epicuro, quase nada: três textos curtos, transmitidos de maneira indireta por Diógenes Laércio, que experimentou simpatia suficiente pelo epicurismo para julgar útil recopiá-los. Trata-se de três cartas do filósofo dirigidas a três discípulos: Heródoto, Meneceu e Pítocles.[18] A *Carta a Heródoto* incide sobre os princípios gerais da física epicurista e é também chamada de *Pequeno compêndio de física* por oposição ao *Grande compêndio*, cujo texto se perdeu; a *Carta a Pítocles* trata da cosmologia, da astronomia e da teoria do universo; e, enfim, a *Carta a Meneceu* é sobre a ética.

A carta é um gênero filosófico importante na Antiguidade: só raramente se trata de uma correspondência privada, uma vez que ela está destinada a circular, a ser lida e publicada por outros; mas o endereçamento a alguém próximo, amigo, discípulo, mentor, permite inscrever a relação filosófica em um horizonte de amizade, a *philia*, que desempenha um papel considerável no pensamento antigo. A filosofia nunca é um exercício solitário, mas feita por e para uma comunidade de *philoi*, uma prática essencialmente intersubjetiva. No caso concreto, ela permite a Epicuro condensar sob a forma de resumos (*epitomai*) facilmente memorizáveis o essencial do que se deve saber para apreender o epicurismo de maneira correta.

Além desses três pequenos textos, temos à nossa disposição fragmentos e citações, coletados em toda a literatura tardo-antiga; aliás, alguns desses trechos foram reunidos, desde o começo, pelo próprio Epicuro, sob o título de *Máximas principais*. Durante muito tempo, aqueles que pretenderam conhecer a obra autógrafa de Epicuro foram

---

18. Nada se sabe a respeito desses diferentes personagens, mas pode-se supor que se tratava de discípulos, ao mesmo tempo estudiosos e entusiastas, para que o próprio Epicuro lhes dirigisse esses resumos de sua doutrina.

obrigados a se contentar com esse reduzido espólio, compilado no século XIX pelo filólogo alemão Hermann Usener (1834-1905), em um pequeno volume intitulado *Epicurea*; em 1888, foram acrescentadas as 81 "Sentenças" descobertas por outro filólogo alemão da mesma época, Karl Wotke (1861-1929), em um manuscrito da Biblioteca do Vaticano (Gnomologium Vaticanum), que, por esse motivo, receberam a denominação de *Sentenças vaticanas*.

Existe, felizmente, outro repositório de textos de Epicuro, acervo considerável, mas por enquanto ainda de difícil exploração: trata-se da biblioteca do epicurista Filodemo de Gadara, desenterrada das ruínas da Vila dos Papiros [Villa dei Papiri, propriedade do político romano Lúcio C. Pisão] durante as primeiras escavações de Herculano, em meados do século XVIII, na qual foi possível encontrar os restos de cerca de dois mil rolos, tanto do próprio Epicuro como de Filodemo e de outros epicuristas menos conhecidos. A presença de tal biblioteca, com uma imensa riqueza de documentos, explica-se, sem dúvida, pelas restrições impostas à liberdade das escolas atenienses, a partir de 84 a.C., pelo ocupante romano. Segundo parece, o epicurista Filodemo, ao se aperceber das dificuldades encontradas pelo Jardim de Atenas, teria decidido transportar, em seu exílio, grande parte da biblioteca do centro histórico do epicurismo; eis o motivo pelo qual o acervo da biblioteca de Herculano, verdadeira memória do Jardim, é constituído por "clássicos" do epicurismo, obras do próprio Epicuro (às vezes com várias edições do mesmo título), assim como por textos de seus principais sucessores.

Durante a erupção do Vesúvio — que, em 79 d.C., soterrou Pompeia e seus arredores —, a biblioteca ficou coberta por uma lava incandescente que, ao carbonizar a parte externa dos rolos, miraculosamente preservou o seu conteúdo. Ao custo de um trabalho bastante minucioso de desenrolamento e, em seguida, de fotografia, é possível hoje, graças a imagens multiespectrais, decifrar em parte os fragmentos assim produzidos. Esses textos, extremamente lacunares, são muito difíceis de interpretar; no entanto, os progressos da papirologia e da arqueologia tornam possível nos dias de hoje, por seu intermédio, ter uma ideia mais exata da obra de Epicuro.

Dessa maneira, recuperaram-se extratos do grande livro de Epicuro *Sobre a natureza* (*Peri physeos*), alguns textos de escolarcas do Jardim (Metrodoro, Polístrato) e, sobretudo, uma parcela consistente da obra do próprio Filodemo, composta em grande parte do que recebe o nome de *hypomnemata*, "coletâneas" ou "comentários". Esses textos são muito interessantes para nós, na medida em que Filodemo — que, na realidade, era professor de epicurismo — apresenta aí, muitas vezes, as teses do Jardim acompanhadas, ao mesmo tempo, de críticas formuladas por adversários e de respostas a essas críticas imaginadas pelos epicuristas. Assim, por exemplo, no livro *Sobre a música* (*Peri musikês*), Filodemo procede à coleta, na primeira parte do texto, de uma série de citações do estoico Diógenes da Babilônia, que, em seguida, ele retoma para criticá-las de maneira epicurista.

Teremos a oportunidade de utilizar, em diversas ocasiões, esses textos mutilados para explicitar determinados pontos delicados da doutrina do Jardim. No entanto, felizmente para nós, existem outras duas fontes, muito mais bem preservadas, para ter acesso ao conteúdo do epicurismo. A primeira chegou até nós também graças à arqueologia: trata-se de uma gigantesca inscrição mural, encontrada em Enoanda, na Turquia, obra de um certo Diógenes, datada sem dúvida do final do século II d.C. O autor desse texto, preocupado em transmitir o epicurismo a um público o mais amplo possível, decidiu mandar inscrever em um muro muito comprido os princípios mais importantes da doutrina. O relativo bom estado das pedras que constituíam esse muro permitiu a reconstituição de grande parte do texto, legível hoje sob a forma de fragmentos.

Deixamos para o fim a análise da última de nossas fontes, talvez a mais preciosa. No século I a.C., um romano chamado Titus Lucretius Carus envia para um certo Mêmio um longo poema em seis cantos, intitulado *Da natureza das coisas* (*De Rerum Natura*), editado postumamente, segundo a lenda, por Cícero. O poema chegou até nós mutilado do final do canto VI[19]; trata-se certamente não de um texto original, mas antes, pelo menos em sua intenção, de uma tradução versificada e desenvolvida de um texto original de Epicuro (talvez o *Grande compêndio de física*).

Em relação ao autor, Lucrécio, nada sabemos exceto o seu apego obstinado e assumido à filosofia epicurista. O seu texto, porém, miraculoso em beleza poética e precisão filosófica, não só é uma exposição extremamente detalhada da doutrina do Jardim — e, às vezes, a nossa única fonte a respeito de alguns pontos precisos —, mas sobretudo um dos principais textos filosóficos da Antiguidade latina. A sua riqueza, que dá testemunho do gênio de seu autor, às vezes obriga, aliás, a um questionamento sobre a sua ortodoxia. De fato, é bem difícil determinar em que medida Lucrécio pode alterar, talvez mesmo sem ter consciência disso, a doutrina que ele expõe de maneira magistral.

De qualquer forma, dispomos hoje de um *corpus* relativamente importante para conhecer o pensamento de Epicuro quando, afinal, a maioria de sua obra chegou a ser considerada, durante muito tempo, como perdida. Esse é um caso excepcional, se prestarmos atenção ao destino de outros autores antigos não menos importantes, mas menos bem servidos pelas vicissitudes da transmissão. Essa

---

19. S. Greenblatt, *A virada: o nascimento do mundo moderno*, São Paulo, Companhia das Letras, 2012. [N.T.]

preservação é, sem dúvida, em grande parte consequência da preocupação experimentada pelos membros do Jardim, desde a origem, em transmitir o seu saber de maneira segura, tanto pela edição dos textos de Epicuro quanto pela vontade de ensinar o seu conteúdo a um público amplo. Essa vontade em si mesma não é fruto do acaso, mas expressão de uma dimensão essencial do epicurismo que, a partir de agora, passará a ser objeto de nosso interesse: a constituição de uma comunidade universal estruturada pela *philia*.

1.3. *A vida no interior do Jardim: o uso filosófico da amizade*

> De todos os bens que a sabedoria proporciona para produzir a felicidade por toda a vida, o maior, sem comparação, é a conquista da amizade. (MP 27; DL, X, 148, p. 319)

A amizade, ou *philia*, desempenha um papel determinante no funcionamento do sistema epicurista; aliás, a noção de amizade é que serve de fundamento filosófico à prática concreta da vida comunitária, conferindo-lhe sentido. No próximo capítulo, veremos as razões da desconfiança vivenciada pelos epicuristas contra a sociedade: para Epicuro, a vida pública é um flagelo, e a maioria das falsas representações que causam a infelicidade do homem tem sua origem na emulação nociva, na competição e nos falsos desejos suscitados por certa concepção da sociabilidade; o Jardim, ao contrário, é apresentado como um refúgio, uma tebaida em que é possível seguir a via da natureza, retificar o seu juízo, curar a alma e, desse modo, alcançar a felicidade.

No entanto, o distanciamento do mundo não é a solidão. A salvação epicurista tem a ver especialmente com a vida de grupo — e é inclusive mediante o grupo e por sua influência positiva que será possível fazer frutificar a filosofia e exercê-la deveras. E é por essa razão, pelo fato de ser uma condição de possibilidade da vida verdadeiramente filosófica, que a amizade adquire essa importância no pensamento de Epicuro.

Por amizade, os epicuristas designam a relação de simpatia e de ajuda mútua que une os membros da comunidade, aos quais, por sua vez, é atribuído o termo grego *synphilosophuntes*, "aqueles que filosofam juntos". O sábio, o único capaz de praticar de maneira cabal a *philia*, sofre com os seus amigos, garante-lhes apoio na adversidade e confere à felicidade deles um valor semelhante ao que atribui à sua:

> E se for necessário morrerá por um amigo. (DL, X, 120b, p. 311)

Esse apoio moral ou material permanente torna a amizade uma garantia de segurança; e, por ser fonte de segurança, o amigo é, ele próprio, por definição, leal.

> Epicuro não admitia a comunhão dos bens e não aceitava, portanto, a máxima de Pitágoras: "Os bens dos amigos são comuns." Com efeito, tal comunhão implicaria desconfiança e, sem confiança, não pode haver amizade. (DL, X, 11, p. 285)

Os contemporâneos de Epicuro vão criticar severamente tal concepção a respeito da amizade, considerando-a egoísta e contrária à virtude. Cícero faz a síntese dessas críticas no livro II do tratado *De Finibus Bonorum et Malorum* [Do sumo bem e do sumo mal] e, em termos muito vigorosos, fustiga o utilitarismo da *philia* epicurista; ao negar o caráter desinteressado da amizade, Epicuro se privaria do critério que permite justamente diferenciar o amigo falso daquele que é verdadeiro.

Segundo a apresentação proposta por Cícero, os epicuristas distinguiriam, na realidade, três etapas na constituição da *philia* filosófica: a primeira, puramente utilitária, na qual a amizade nasce da necessidade recíproca; a segunda, na qual o hábito adquirido pelos amigos de estarem juntos gera a própria afeição; e, enfim, o pacto (*fœdus*) pelo qual os sábios se ligam uns aos outros e deixam de estabelecer qualquer distinção entre o seu interesse e o do amigo.

O que é chocante para Cícero e para os outros adversários de Epicuro é exatamente essa gradação cronológica que, além de estabelecer a dissociação entre a amizade e a gratuidade, inscreve o aparecimento de uma virtude em uma ordem cronológica e não ontológica. A amizade já não é em si virtude, mas torna-se virtude. Como tudo o que provém da livre decisão dos seres humanos, à semelhança de qualquer pacto, ela começa por ser o resultado de um cálculo utilitarista em vista do mais agradável; em seguida, aos poucos, ela se torna um *concilium*, microcosmo independente que vive por si mesmo e segue as suas próprias regras. Cícero faz, sem dúvida, uma leitura bastante correta da doutrina de Epicuro, tanto mais que se pode ler na doxografia de Diógenes Laércio algo bem semelhante:

> A amizade é uma necessidade: da mesma forma que lançamos a semente na terra, devemos tomar a iniciativa da amizade; depois ela cresce e se transforma na vida em comum entre todos aqueles que realizaram plenamente o ideal da agradável serenidade. (DL, X, 120b, p. 311)

Na realidade, a polêmica surge da própria ambiguidade da noção de virtude. Além de associar virtude, essência do sábio e gratuidade, Cícero concebe a amizade como a expressão de uma generosidade que não espera nenhuma retribuição; nesse sentido, ela é o apanágio do sábio, o único a atingir um grau de perfeição que lhe permite tal liberalidade de sentimentos. A *philia* é, assim, o modo de relação privilegiado do sábio com seus semelhantes por estar mais bem harmonizada com a sua natureza de sábio.

Em Epicuro, a problemática é estritamente inversa; com efeito, é justamente a sua utilidade que, para o fundador do Jardim, confere valor à *philia*. Aliás, para ele, tal valor está subordinado àquilo que é o soberano bem — a vida feliz; assim, a *philia* não é o bem mais desejável a não ser enquanto é aquilo que leva a aproximar-se com mais segurança desse bem supremo — na medida em que ela é condição necessária da felicidade.

Por trás dessa distinção, toma forma a singularidade da filosofia epicurista, que torna a plena realização do soberano bem um assunto de grupo e não de indivíduo. O sábio epicurista não pode ser feliz sozinho e, por essa razão, ele tem necessidade da *philia*. Assim, esta não é tanto — como supõe Cícero — a virtude do sábio, mas a condição indispensável para que alguém se torne sábio.

O maior bem propiciado pela amizade não é, com efeito, material, mas intelectual — e a utilidade tão chocante da amizade assume uma tonalidade bem diferente se prestarmos atenção a esse detalhe. A comunidade de amigos é o espaço por excelência em que se efetua o ato filosófico, em que se aprende e se compreende a doutrina, em que se educam as almas. Isso se tornou possível pela prática da *parrêsia*, ou franqueza, pela qual os amigos se treinam e se educam mutuamente, e sobre a qual voltaremos a falar; no interior da comunidade, há a obrigação de repreender o amigo que se engana e de prodigalizar-lhe um ensinamento, até mesmo uma reprimenda, quando a necessidade se fizer sentir. O discurso da *philia* é, de fato, um discurso livre, ao contrário do discurso político de persuasão e de sedução, que pretende lisonjear em vez de corrigir. Essa palavra livre pode se revelar dolorosa, mas continua sendo a arma da amizade — com efeito, o verdadeiro amigo é aquele que sabe fazer sofrer no momento propício para tirar daí, em seguida, um bem mais importante que a dor causada eventualmente por ele.

Vemos que a amizade epicurista nada tem a ver com uma camaradagem gentil, nem com uma troca egoísta de serviços; trata-se de uma verdadeira aliança filosófica que pressupõe o envolvimento total do indivíduo em detrimento de seu conforto moral. O fato de ser vencido por um raciocínio pode revelar-se doloroso, mas necessário, em vista da obtenção da felicidade. A censura do amigo é, às vezes, cruel; mas o sábio vai à sua procura, em vez de evitá-la, submetendo-se a ela de bom grado. Sêneca cita assim o seguinte preceito, como uma fórmula geral aplicada no interior do Jardim:

> Devemos escolher um homem de bem como modelo e mantê-lo sempre diante dos olhos, [...] procedendo como se ele estivesse observando os nossos atos.[20]

Essa é uma das condições para alcançar a felicidade epicurista. No entanto, tal *philia* espinhosa é também a oportunidade para celebrar a simples alegria de estar feliz e vivo, além de saborear a festa filosófica em uma paz sem incidentes. Numerosas são as sentenças e máximas concisas

---

20. Sêneca, "Carta a Lucílio 11.8". [Cf. A. R. de Moura, Diálogo interior nas Cartas a Lucílio, de Sêneca, *Ágora. Estudos Clássicos em Debate*, n. 17, p. 263-297, 2015. (N.T.)]

que celebram o prazer da amizade, que "conduz sua dança pelo mundo inteiro, convidando todos nós a despertarmos para a celebração da felicidade" (SV 52, p. 40); assim, ela se manifesta como o vínculo normal e universal de uma humanidade, enfim, aprazível, liberada e sensata.

É bastante paradoxal constatar que uma filosofia que posiciona a franqueza no centro de sua prática tenha sido negada e deformada de modo tão severo pela história. Graças ao trabalho dos filólogos e críticos que, desde Gassendi, procuraram reabilitar o epicurismo, temos atualmente a possibilidade de penetrar no Jardim de Epicuro e, protegidos por seus muros, tornarmo-nos em espírito membros do círculo de seus amigos. Eis o que necessita, de nossa parte, uma apropriação da ética epicurista, regra de existência que confere uma tonalidade específica a essa doutrina do prazer.

II
O projeto ético de Epicuro

2.1. *O diagnóstico da infelicidade humana*

A doença da humanidade

O homem é infeliz. Essa constatação bem sombria estabelecida por Epicuro é atenuada pela certeza de que essa infelicidade provém de uma patologia suscetível de ser curada. Uma parte importante do trabalho filosófico do sábio epicurista consiste em fazer esse diagnóstico, em detectar esse mal e, enfim, em propor soluções para se livrar dele.

A doença da humanidade apresenta-se no pensamento de Epicuro como uma evidência; ela nunca é questionada, tampouco a possibilidade de uma cura. Com efeito, se ninguém consegue negar que o homem é infeliz e que a felicidade tem de ser conquistada, ninguém deve igualmente associar essa infelicidade a um destino do qual seja impossível escapar, ninguém deve recusar a possibilidade do tratamento. Mas o diagnóstico aplica-se, muitas vezes, em aspectos inesperados; convém demonstrar que mesmo aqueles que acreditam ser felizes não o são — e que os expedientes forjados no decorrer da vida em sociedade para escapar da miséria comum são insuficientes e, às vezes, acabam por agravá-la, em vez de aliviá-la. Eis o motivo pelo qual o retrato da humanidade esboçado em numerosos textos epicuristas é decididamente pessimista: nada além de calamidades, angústias e comportamentos irracionais. A mais célebre dessas descrições da humanidade sofredora é descrita por Lucrécio no canto II de *De Rerum Natura*:

> É bom, quando os ventos revolvem a superfície do
> mar imenso,
> observar da praia os rudes esforços de outrem,
> não porque haja qualquer prazer na desgraça de alguém
> mas porque é bom presenciar os males de que
> escapamos.
> É bom também contemplar os grandes combates de
> guerra,
> sem que haja da nossa parte nenhum perigo.
> Mas nada há de mais agradável do que habitar os
> altos lugares
> fortificados solidamente pelas doutrinas dos sábios,
> templos de serenidade donde se podem ver os outros
> errar sem trégua embaixo, buscando ao acaso o
> caminho da vida,
> lutando à força de talento, tendo rivalidades de nobreza,
> esforçando-se dia e noite mediante um labor intenso
> por alcançar a opulência e apoderar-se do governo!
> (DRN, II, 1-13)

Esse texto descreve a humanidade no estado de "infância", agitada por movimentos violentos e absurdos que ela não controla, incapaz de discernir o verdadeiro do falso, o bem do mal, desorientada e obcecada por seus próprios desejos. A essa confusão generalizada opõe-se a serenidade do sábio que chegou a um estado de calma e de paz que tem um nome na linguagem técnica do epicurismo —

a *ataraxia* —, ou seja, ausência de perturbação da alma, igualdade de humor que é idêntico ao estado de felicidade. Essa felicidade é adquirida, como indicam as primeiras frases do texto, por um trabalho de desapego e de isolamento, de separação de um mundo caracterizado pelo frenesi e pelo terror. É essa postura ascendente que permite ao sábio fazer o seu diagnóstico — e que lhe fornece igualmente a tranquilidade, ao comparar a sua posição com a dos seus semelhantes e por um distanciamento que diminui até o ponto de tornar ridículos os fantasmas que assustam a humanidade.

Bastante reveladora é a expressão utilizada por Lucrécio para descrever o objeto dessas lutas permanentes que caracterizam a dinâmica social e cujo objetivo declarado consiste em "alcançar a opulência e apoderar-se do governo" (*ad summas emergere opes rerumque potiri*). De que se trata senão de honras, riquezas e saberes, cuja inanidade será demonstrada, com todo o empenho, por Epicuro? O mal que golpeia os seres humanos vem dessa ausência de recuo que os leva a se equivocarem em relação aos objetos, visto que buscam a salvação em realidades exteriores a eles mesmos. Ser dono das coisas não serve para nada sem domínio de si mesmo, de suas representações e de seus desejos — domínio que proporcionará a verdadeira alegria:

> Exatamente como trêmulas crianças que tudo receiam
> nas obscuras trevas, assim nós tememos à luz do dia
> o que em nada é mais de recear do que as quimeras
> que atemorizam as crianças no escuro
> e que imaginam prontas a surgir.
> Elas não serão transpassadas pelo sol nem pela luz do dia,
> mas pelo estudo da natureza e de suas leis. (DRN, II, 55-61)

A sociedade funciona como essas lanternas mágicas que projetam nas paredes imagens ampliadas e deformadas; ela falsifica o juízo oferecendo-lhe como suporte de reflexão e de desejos nada além de quimeras. A pessoa, atemorizada pelo bicho-papão, esquece a causa verdadeira de seus males e acaba por incrementá-los ao equivocar-se de alvo. A ação do médico epicurista começa, portanto, por um trabalho de discernimento que reposiciona as coisas em seu devido lugar a fim de retificar, pelo deslocamento do olhar, a razão extraviada.

Em outro trecho de *De Rerum Natura*, no canto VI[1], encontraremos até mesmo um exemplo histórico dos dramas engendrados por essa enfermidade do olhar que se propagou na sociedade humana. A peste que dizimou Atenas em 430 a.C. oferece, de fato, para quem se dispuser a constatá-lo, o espetáculo de uma cidade inteira entregue ao terror, e cujos comportamentos criminosos são apenas a exacerbação de uma tendência constante, uma imagem ampliada da doença mental e moral que Epicuro pretende curar. A descrição impactante da epidemia, ao mesmo tempo que apresenta de forma bastante precisa e documentada as suas causas, o seu desenrolar e a sua "clínica", indica que não é tanto a enfermidade em si, mas as reações psicológicas provocadas por ela que vieram a torná-la, para a humanidade, uma catástrofe atemorizante: pessoas se suicidam levadas pelo pavor, jogando os corpos dos familiares pelas janelas ou em fogueiras, santuários profanados, casas saqueadas, êxodo em massa...

> A religião ou as potências divinas deixaram de ter qualquer importância: a dor presente era muito mais forte. (DRN, VI, 1276-1277)

---

1. A partir do v. 1138 até o fim do poema.

A mais habitual, entre as numerosas hipóteses apresentadas para explicar essa constatação acabrunhante dos versos finais de *De Rerum Natura*, pressupõe que a obra esteja inacabada. Assim como está, porém, esse texto constitui uma síntese de todo o ensinamento do poema, encerrando-o de maneira magistral. Com efeito, o objeto privilegiado e, ao mesmo tempo, paradoxal da física epicurista é exatamente a morte: a alma é mortal, os mundos são mortais, o universo perecerá — o que fazer com essa certeza tão incômoda? Como viver quando se toma consciência desse deperecimento geral?

O "tratamento" epicurista, entre teorização e pragmatismo

A humanidade é um vaso poroso, fragilizado pelo medo da morte, verdadeira doença cuja cura virá unicamente do conhecimento da natureza, ou seja, na realidade, da onipresença da morte! Nesse contexto, a peste de Atenas desempenha o papel de uma descrição simbólica. E o tratamento discursivo que Lucrécio propõe a esse respeito confronta duas maneiras opostas de abordar tal acontecimento: a irracional e a racional. A maneira irracional consiste em não considerar o acontecimento em si mesmo — no fenômeno, seria possível encontrar aspectos para alimentar uma predição ou um discurso religioso, ou seja, um enunciado que dá a ilusão de um sentido metanatural do acontecimento:

> Tudo o que os mortais veem acontecer na terra e no céu, os fenômenos que os mantêm suspensos de pavor, humilham a sua alma com o temor dos deuses, deprimindo-os e abatendo-os até o chão, porque só a ignorância das causas os força a transferir o governo

de tudo para os deuses, concedendo-lhes o seu domínio. (DRN, VI, 50-55)

A maneira racional é, por sua vez, a de Epicuro: a constatação ponderada do que acontece, dos motivos pelos quais isso ocorre — as causas físicas, as interações esperadas e regulares de fenômenos — e o modo como isso irá terminar. Substitui-se, então, a advertência dos deuses por um diagnóstico físico que permite escapar da previsão de infelicidade:

> Purificou, portanto, os corações com suas palavras verdadeiras,
> fixou um limite à cobiça e ao temor
> e expôs a natureza do bem supremo a que todos aspiramos
> e mostrou o caminho, a vereda pela qual nos dirigimos a esse bem.
> Ele designou o mal que assombra as coisas humanas,
> mal natural que nasce e voa sob diversas formas,
> por acaso ou por necessidade, como o determinou a natureza;
> ele nos ensinou por quais portas nos lançarmos contra ele
> e provou que, na maior parte das vezes, o gênero humano
> revolve no peito, inutilmente, as terríveis ondas das preocupações. (DRN, VI, 24-34)

Como se elabora semelhante diagnóstico? De que modo Epicuro delimita os contornos da doença mental da humanidade? No período helenístico, a noção de diagnóstico é bastante diferente do sentido que atribuímos a esse termo; ela intervém de maneira secundária na prática médica e, na maior parte do tempo, segue cronologicamente a administração de uma farmacopeia ou a decisão de uma intervenção cirúrgica.

De fato, a doença, na Antiguidade, é uma entidade relativamente vaga com contornos flutuantes, e o primeiro trabalho que se espera do médico não é tanto *diagnosticar*, mas *prognosticar*, pela identificação de certos sinais confirmados, o desfecho do mal: fatal ou, pelo contrário, benigno e resolvido em alguns dias.[2] O diagnóstico, por sua vez, pressupõe a capacidade de inferir uma causa oculta (qual é a enfermidade que corrói o corpo?) a partir de causas aparentes (os sintomas), e os únicos em condições de executar tal procedimento são aqueles que têm na memória uma experiência muito longa da patologia. Epicuro é, para seus discípulos, um desses "videntes", um desses geniais especialistas com prática que podem não somente curar, mas também dizer exatamente a origem do sofrimento — e estabelecer uma relação entre diagnóstico e tratamento.

Assim, Epicuro reconcilia, na sua doutrina, duas abordagens, historicamente rivais, da doença: a abordagem chamada teórica ou filosófica, que pode dissertar longamente sobre a natureza do homem e de sua doença, mas que não se aventura no ato terapêutico em si; e a abordagem que será denominada "empírica" no período helenístico, mas que se exprime já na era clássica e que enfatiza o imperativo de cura e a necessidade do gesto, considerando que o tratamento é independente do saber reflexivo sobre o mal e as suas razões. Assim, nos filósofos do Jardim, encontram-se tanto considerações sobre a origem do mal que atinge a humanidade quanto injunções para cuidar realmente, sem se confinar à etapa totalmente intelectual do diagnóstico.

---

2. Sobre essas questões, cf. o "Prefácio" da coletânea de trabalhos hipocráticos: D. Gourevitch, M. Grmek e P. Pellegrin, *Hippocrate de Cos — De l'art médical*, Paris, Le Livre de Poche, 1994.

Assim, em uma das *Máximas principais*, a ênfase é colocada na apreensão racional das origens do mal:

> Se não nos atormentássemos com nossas dúvidas a respeito dos fenômenos celestes e se não receássemos que a morte significasse algo para nós, e se também não nos perturbássemos com nossa incapacidade para discernir os limites dos sofrimentos e dos desejos, não teríamos nenhuma necessidade da ciência natural. (MP, 11; DL, X, p. 316)

Por outro lado, a sentença seguinte, tirada de *Carta a Marcela*, de Porfírio de Tiro (234-305)[3], insiste sobretudo na necessidade da ação terapêutica concreta:

> Vazias são as palavras desses filósofos que não oferecem remédios para nenhum dos sofrimentos humanos. Com efeito, do mesmo modo que não há nenhuma utilidade na arte médica se não der tratamentos para os males do corpo, também não há nenhuma utilidade na filosofia se ela não expulsar o sofrimento da alma.

Essa vontade de conciliar o gesto e a teoria torna a filosofia epicurista uma "arte", uma *tekhné*. Tal reivindicação de Epicuro adverte-nos contra o perigo que haveria, segundo ele, em limitar-se a considerar a filosofia apenas como um exercício intelectual; ela é, bem longe de uma pura especulação, uma "atividade" (*energeia*)[4], orientada,

---

3. Discípulo e editor do filósofo Plotino, fundador do neoplatonismo. [Por volta de 270 (provavelmente ano da morte de Plotino), Porfírio compilou e editou a obra de seu mestre, *Enéadas* — cada um de seus seis capítulos contém nove (em grego, *ennéa*) tratados. (N.T.)]
4. "Epicuro dizia que a filosofia é uma atividade que, por raciocínios e discussões, produz a vida feliz", Sexto Empírico, *Adversus Mathematicos* XI, 169 (Usener 219). Sexto Empírico, filósofo, astrônomo e

à semelhança de qualquer arte, a uma finalidade prática que, no caso concreto, é a obtenção da vida feliz. A definição da filosofia por Epicuro como *techné tou biou* — expressão traduzida por *ars vivendi* em Cícero (De Fin. I, 21, p. 30) — vai caracterizá-la como um método de cura da alma, cujo objetivo declarado consiste em obter a saúde. Mas agora é tempo de nos debruçarmos sobre as modalidades precisas dessa cura.

2.2. A boa saúde do sábio

A filosofia, uma terapia de urgência

A ambição dos epicuristas pode parecer desmedida: de fato, a filosofia da natureza (*physiologia*) deve absolutamente salvar a humanidade. Esse "heroísmo" epicurista dá ao fundador do Jardim a aparência de um personagem de epopeia, até mesmo de um deus — aliás, o projeto da ética epicurista não consistirá em tornar o discípulo de Epicuro "um deus entre os homens" (CMen. 135; DL, X, p. 314)? E isso pelo efeito de um discurso expiatório cuja eficácia é apresentada como miraculosa. Mas como se produz concretamente esse cobiçado apaziguamento filosófico? No plano da própria prática da fisiologia, o modelo médico funciona plenamente, como nesta passagem das *Sentenças vaticanas*:

> Enquanto nas outras atividades, uma vez atingido o termo, o fruto vem com dificuldade, quando se trata de filosofia o contentamento acompanha o conhecimento.

---

médico grego (século III), foi o sucessor de Menodoto de Nicomédia na direção da escola cética.

> A satisfação não vem depois do aprendizado, mas aprendizado e satisfação vêm juntos. (SV 27, p. 27)

A "alegria" causada pela atividade filosófica é em si mesma um prazer que não é inferior àquele que ela proporciona em seu desfecho. A prática da filosofia livra das dores futuras pela cura que propõe; mas é igualmente capaz de provocar prazeres que liberam dos sofrimentos atuais e melhoram o "conforto" mental do enfermo, antes mesmo de ter alcançado a cura definitiva. A filosofia é, assim, cirurgia ou farmacopeia (alopatia que corta pela raiz e nos cura de um ataque agudo no momento da crise), além de dietética, ou seja, higiene de vida permanente que protege e previne outros surtos da doença.

Do mesmo modo que o médico não deve hesitar em recorrer a tratamentos mais drásticos para socorrer o enfermo, além de preocupar-se com seu conforto atual e propor-lhe alguns princípios de vida que garantam a manutenção da saúde, também a medicina epicurista aplica-se tanto às doenças futuras que ela deve prevenir quanto aos sofrimentos atuais que deve aliviar. É por essa razão, aliás, que não há idade para filosofar:

> Com efeito, para ninguém, seja jovem ou idoso, é cedo ou tarde demais para ocupar-se com a saúde da alma. Afirmar que ainda não chegou o tempo para filosofar, ou já passou, é a mesma coisa que dizer que o tempo da felicidade ainda não chegou, ou já se foi. (CMen. 122; DL, X, p. 311)

A urgência em cuidar-se não é variável com o tempo — por outro lado, o tipo de cuidado poderá mudar de forma, segundo a natureza específica do mal. De fato, se o mal se identifica sempre com o medo, este não deixa nunca de se enunciar sob duas modalidades, conforme o objeto que privilegia: medo da morte ou medo dos deuses. Trata-se de dois aspectos possíveis do *mal real*, reconhecido depois que o olhar tiver sido aberto pelo trabalho filosófico. A esse mal real convém opor um *mal imaginário* que se impõe de maneira cavilosa: a mortalidade em si. Em Epicuro, o termo "mal" deve, portanto, ser compreendido frequentemente em um duplo sentido: ele designa o que os homens acreditam ser o mal — a mortalidade — e, ao mesmo tempo, o que realmente os leva a ficarem prostrados, ou seja, a sua própria apreensão, deformada e fantasiosa, dessa mortalidade.

A tarefa libertadora do epicurismo, por conseguinte, revela-se complexa, visto que consistirá não somente em proceder à análise da mortalidade, em explicá-la — o que levará a desvendar o seu caráter implacável e geral: tudo morre, tudo deve morrer —, mas também em fazer entender que esse mal universal não é um mal, que a morte que nos espreita nada é para nós, que o verdadeiro mal está alhures, em nossos próprios medos — e, em último lugar, em neutralizar tais medos.

O "tetrafármaco" e a psicossomática epicurista

O "medicamento" a administrar, que será capaz de tomar conta da totalidade desse processo de cura, é designado de maneira bastante explícita na doutrina de Epicuro: é chamado τετραφάρμακος (tetrafármaco), o quádruplo remédio, e enuncia-se efetivamente em quatro proposições. Como é possível encontrar, a seu respeito, várias formulações no *corpus* epicurista, as duas mais conhecidas são as seguintes:

> Crê, então, Meneceu, que ninguém é superior a tal homem. Sua opinião em relação aos deuses é piedosa e ele se mostra sempre destemido perante a morte; ele reflete

intensamente sobre a finalidade da natureza e tem uma concepção clara de que o bem supremo pode ser facilmente atingido e conquistado, enquanto o mal supremo dura pouco ou só nos causa sofrimentos passageiros... (CMen. 133; DL, X, p. 313-314)

Não tenham temor a Deus,
nem se preocupem com a morte.
E, então, a felicidade é fácil de obter
e o sofrimento é fácil de suportar.[5]

Epicuro, em sua própria formulação, introduziu uma identidade sólida entre mal moral e dor física (*ponos*). Ela pode ser lida em dois sentidos: como uma projeção do moral sobre o fisiológico ou como uma redução do fisiológico ao moral. Ora, nenhuma dessas duas leituras é satisfatória. Muito mais interessante é manter os dois termos da igualdade no âmago da mesma entidade que poderá ser qualificada como psicossomática — de tal modo, em Epicuro, a distinção entre alma e corpo carece, na realidade, de pertinência.

Para compreender tal aspecto, impõe-se começar a se aventurar nos meandros da própria fisiologia e se interessar, em particular, pela natureza dessa entidade a que Epicuro denomina *psychê* (alma). Por trás da homonímia aparente, encontramo-nos, com efeito, perante uma realidade que nada tem a ver com o que Aristóteles, Platão ou os estoicos designam com o mesmo nome:

---

5. Filodemo de Gadara, "Contra os sofistas", in: *Herculaneum Papyrus*, 1005, 4.9-14. [Na língua original (grego antigo):
Ἄφοβον ὁ θεός,
ἀνύποπτον ὁ θάνατος
καὶ τἀγαθὸν μὲν εὔκτητον,
τὸ δὲ δεινὸν εὐκαρτέρητον. (N.T.)]

> A alma é corpórea e constituída de partículas sutis, dispersa pelo organismo inteiro, extremamente parecida com um sopro consistente em uma mistura de calor, semelhante em muitos aspectos, ao sopro do vento e, em outros, ao calor. Há também uma terceira parte que, pela sutileza de suas partículas, difere consideravelmente das outras duas e, por isso, está em contato mais íntimo com o resto do organismo. (CHer. 63; DL, X, p. 298)

Para Epicuro, a alma é um corpo dentro do corpo, em "simpatia" (*sympatheia*) com o conjunto do organismo — a noção de "simpatia", ou contato mais íntimo com ele, designa a união tanto desses dois corpos quanto das partes da alma entre si. Com efeito, a alma é uma mistura de diferentes partes, que funcionam em harmonia e interação umas com as outras. O texto de Epicuro, citado acima, enumera três partes — outros testemunhos, em particular o de Lucrécio, mencionam quatro (calor, sopro ou vento, ar e parte inominada, sem que a diferença exata entre "sopro" e "ar" seja indicada com toda a clareza por Lucrécio; cf. DRN, III, 231-257).

Essa alma, tripartida ou quadripartida segundo os textos, por sua vez compõe com o corpo outra mistura, igualmente harmoniosa, na qual cada componente conserva características próprias, mas reage também com os elementos do outro componente. A sensibilidade do corpo é resultado dessa mistura, sendo condicionada pela estreita relação das partes da alma entre si e com o resto do corpo, além de cessar definitivamente quando a mistura se dissipa — ou seja, com a morte.

> Por isso, com a perda da alma, o organismo perde também a faculdade de sentir. De fato, o corpo não possuía em si mesmo tal faculdade, que lhe era suprida por

alguma outra coisa, congenitalmente afim a ele, ou seja, a alma, que mediante a realização de sua potencialidade determinada pelo movimento, produz imediatamente por si mesma a faculdade da sensação e torna participante o organismo, ao qual, como já dissemos, está ligada por uma estreita relação de vizinhança e consenso. (CHer. 64; DL, X, p. 298)

A alma tece como que uma *rede material* no interior do próprio corpo, este a contém como um recipiente contém um líquido; a simpatia é criada pela justaposição íntima dos elementos que constituem a alma com os outros elementos do corpo. Essa simpatia não impede que certos fenômenos que afetam a alma deixem o resto do corpo insensível — e vice-versa. Essas exceções são descritas detalhadamente por Lucrécio no canto III de *De Rerum Natura*. Mas o funcionamento habitual do composto alma-corpo é regido por esta regra de vizinhança e consenso:

> A alma sofre com o corpo,
> no interior do corpo, ela compartilha nossas sensações.
> Que se abata a força horrível de uma arma,
> quebrando ossos e tendões, mesmo sem atentar contra a vida,
> segue-se uma languidez, uma atração suave
> da terra e depois uma perturbação submerge a alma
> e, às vezes, nasce um vago desejo de se erguer. (DRN, III, 168-174)

Existe, por conseguinte, uma analogia entre as paixões da alma e as do corpo. Essas duas entidades sofrem e são afetadas exatamente da mesma maneira e adotarão, portanto, normas semelhantes: nada do que é ruim para a alma pode resultar bom para o corpo, nada do que provoca sofrimento no corpo pode abster-se de prejudicar a alma.⁶ Esse destino comum se prolonga até a morte, ou seja, até a pulverização dos dois membros do composto.

Uma concepção passiva do mal

Essa primeira incursão na *fisiologia* permite compreender em melhores condições a identidade que, segundo parece, foi estabelecida por Epicuro entre mal moral e sofrimento físico. Ela fornece igualmente preciosas indicações a respeito das razões de nossa vulnerabilidade frente a esse mesmo mal. Com efeito, na medida em que o mal é verdadeiramente de natureza sensível, e apesar da responsabilidade que temos na construção de falsas representações que nos metem medo, mantemos com ele uma relação de profunda passividade; e só conseguimos nos defender do sofrimento que nos é infligido — seja ele moral ou físico, seja de um odor desagradável ou de um sabor amargo — colocando-nos fora do alcance dessa sensação penosa.

Assim, como regra geral, a ética epicurista manifesta o seu interesse não tanto pelo mal que se faz, mas por aquele que se sofre — exatamente porque, ao sermos réus de um crime, estamos desarmados em situação de passividade e de sofrimento. É impossível não sofrer quando estamos expostos ao mal; a pessoa não tem controle de suas sensações — e toda a compreensão da ética epicurista que fizesse abstração desse ponto poderia limitar-se a considerá-la como uma ascese um tanto masoquista e, para resumir, totalmente irrealizável. Epicuro recomenda, pelo

---

6. Surge evidentemente o problema das situações em que um sofrimento físico deva ser preferido a um prazer imediato, cujas consequências a longo prazo se revelariam funestas; estudaremos esses casos na próxima seção deste capítulo.

contrário, seguir o ensinamento da natureza que — visível, por exemplo, na atitude das crianças de peito — nos leva a rejeitar a dor de maneira absolutamente espontânea, sem intervenção prévia da vontade, nem deliberação.

Esse "argumento dos berços"[7], bastante utilizado pela ética epicurista, demonstra que o único recurso verdadeiramente eficaz e racional frente ao sofrimento consiste em esquivá-lo. Os insensatos, ou aqueles cujo juízo está pervertido por normas depravadas, são os únicos que podem ser tentados a resistir ao mal ou até mesmo ir à sua procura:

> Todos os animais, desde o nascimento, buscam o prazer e usufruem dele como se fosse o maior dos bens, enquanto eles rechaçam a dor como o maior dos males, evitando-a na medida do possível. E eles agem assim quando ainda não estão corrompidos, seguindo o juízo puro e saudável da própria natureza. (De Fin. I, 9, p.14)

O único controle que podemos ter sobre o mal deve ser, portanto, anterior à própria sensação dolorosa. Abster-se do que é potencialmente perigoso ou, em certos casos, encontrar derivativos que nos colocarão em condições de suportar um sofrimento futuro, quando ele se anuncia inevitável, são as únicas atitudes razoáveis diante do mal. Ao proceder assim, ficamos protegidos igualmente da tentação de cometer crimes — na medida em que a ação malévola intervém sempre para preservar o criminoso de um sofrimento que ele pretende evitar a qualquer custo, e contra o qual ele não soube armar-se previamente de maneira razoável e compatível com as exigências da vida

---

7. Cf. o texto "L'Argument des berceaux chez les Epicuriens et chez les Stoïciens" [O argumento dos berços nos epicuristas e nos estoicos], de Jacques Brunschwig, in: J. Brunschwig, *Etudes sur les philosophies hellénistiques*, Paris, PUF, 1995.

social. Como lembra Diógenes Laércio no seu resumo doxográfico da ética de Epicuro, "as causas dos males praticados pelos seres humanos são o ódio, a inveja e o desprezo, sentimentos que, no caso do sábio, são dominados por meio do raciocínio" (DL, X, 117, p. 310). Praticar o mal demonstra uma incapacidade em relação à infelicidade, diante da qual o criminoso considera (erroneamente) que a ação malévola é o único remédio possível; pelo contrário, "quem é imperturbável não se deixa importunar nem por si mesmo, nem pelos outros" (SV 79, p. 57). O sábio descrito aqui tem domínio perfeito de sua alma e de seu corpo, já que todo sofrimento moral ou físico encontra-se antecipadamente "anestesiado" pela absorção do *tetrafármaco* epicurista.

O *discurso filosófico, forma e adjuvante da terapia*

Essa absorção nem sempre é fácil. O quádruplo remédio é uma substância de eficácia temível: para agir, ele começa limpando com violência o organismo dos pensamentos tóxicos que o perturbam. Isso não se efetua sem dor... Intervém, então, para adaptar a doutrina à situação daquele que a recebe, outra farmacopeia, descrita por Lucrécio, destinada não a curar diretamente, mas a preparar o tratamento:

> Do mesmo modo que os médicos, ao tentarem dar às crianças
> o repugnante absinto, começam untando
> as bordas da taça com mel doce e dourado
> para que essa idade imprevidente, ludibriada pelo prazer dos lábios,
> engula a amarga infusão de absinto
> e, longe de tal engano significar prejuízo,
> recupere, pelo contrário, a saúde.

Assim também eu quis — pelo fato de essa doutrina parecer
comumente desagradável demais para quem não a praticou,
e foge diante dela, horrorizado, o vulgo —
expô-la na língua harmoniosa das Musas
como que para impregná-la com o doce mel da poesia,
esperando por meus versos cativar o teu espírito
enquanto te apercebes, em sua totalidade,
da natureza das coisas e sentes a sua utilidade. (DRN, IV, 11-25)

A própria forma do discurso filosófico vai agir à imagem de um *pharmakos* e contribuir para essa mudança de disposição que é a passagem da loucura para a sabedoria: do mesmo modo que o mel já é uma substância ativa, também o próprio discurso — e não unicamente o seu conteúdo — é um remédio. A escuta da doutrina e das palavras que a veiculam, enquanto prepara a alma para receber o ensinamento por um efeito de persuasão retórica plenamente assumida, desempenha o papel de um verdadeiro protréptico.[8] Em Lucrécio, a preparação é feita de uma maneira suave e sedutora, pelo uso do mel poético; mas sabemos que o próprio Epicuro chegava a servir-se de procedimentos mais severos, em que a precedência era atribuída à *parrêsia*, a "fala franca", cujo uso tinha sido instaurado pelo filósofo no interior do Jardim, e ao qual fizemos alusão no capítulo precedente.

A *parrêsia*, a liberdade de expressão com a obrigação de dizer a verdade para o bem comum, é, antes de tudo, uma noção política. Tendo surgido no momento em que

---

8. Em grego antigo, προτρεπτικός, obra parcialmente perdida de Aristóteles, cujo subtítulo é "Exortação à filosofia" (cf. Aristóteles, *Invitation à la philosophie (Protreptique)*, Paris, Éd. Mille et Une Nuits, La Petite Collection, 2000). [N.T.]

são implantadas as regras da democracia em Atenas — com a *isegoria* (igualdade de palavra perante a assembleia dos cidadãos) e a *isonomia* (igualdade perante a lei e participação igual na vida política) —, ela faz parte dos privilégios do cidadão ateniense. Aos poucos, esse significado original dará lugar, na história da língua grega, a uma nova acepção mais pedagógica do termo, designando a franqueza e o rigor necessários do discurso do educador, que deve reformar o seu aluno sem poupá-lo — ela será particularmente explorada, nesse sentido, pelas escolas cínicas.

A *parrêsia* é inspirada pela virtude, apanágio do filósofo rigorista, fortalecido moralmente por um ascetismo que suscita a admiração e o respeito; além disso, é bela como a verdade que enuncia, mas igualmente bastante severa para quem a recebe. O testemunho de Filodemo de Gadara sobre a *parrêsia* praticada pelo Jardim é, nesse sentido, totalmente explícito.[9] Nesse testemunho, é possível detectar, em particular, alusões a duas práticas sem dúvida muito desagradáveis: a confissão pública e a "delação benevolente" — indica-se ao mestre aquele que experimenta mais dificuldades em assimilar a doutrina a fim de que ele intervenha para propor um "novo tratamento". Todavia, apesar de sua violência, ela é considerada pelos epicuristas como uma manifestação totalmente pura de amizade; nesse sentido, também é comparada, nos textos que falam a seu respeito, ao mel. Com efeito, este pode tornar-se, por seu amargor, algo intragável e até mesmo tóxico.

Em numerosos textos antigos, encontram-se alusões aos envenenamentos que o mel pode provocar — e cujos efeitos vão do simples enjoo provocado por um sabor infecto a desmaios e síncopes. Na qualidade de *pharmakos*, o mel

---

9. *Peri Parrhèsias*, texto conservado no papiro *Pherc* 1470. [Cf. E. Fernandes, "Tradição e atualidade da parrêsia ('fala franca') como terapia", in: D. Peixoto e M. Campolina (eds.), *A saúde dos antigos: reflexões gregas e romanas*, São Paulo, Loyola, 2009, p. 163-179. (N.T.)]

possui esta dupla natureza: cura, cicatriza, apazigua, mas pode também queimar e envenenar. O discurso epicurista enverga a mesma ambiguidade: é capaz de ferir cruelmente aqueles que ele pretende curar — e o ferimento frequentemente faz parte do próprio processo de cura. A *parrêsia* é falsamente amarga; na realidade, é útil e doce, à semelhança de tudo o que, na medicina, causa ferimento para tornar a cura mais eficaz.[10] A sua violência não é gratuita; e, quando o ato doloroso revela-se necessário, a compaixão vem, em seguida, aliviar o sofrimento provocado por ela.

Essa relação entre *parrêsia* e amizade é essencial na terapia epicurista: ela impõe identificar, por trás de cada homem, um enfermo em potencial, cuja cura é sempre possível. No entanto, é essa extraordinária generosidade que permite, no interior da comunidade de amigos, todas as submissões e a abdicação de toda independência intelectual, em vista da obtenção da "boa saúde".

Com efeito, o que agora se depreende claramente é uma definição bem pouco clássica do sábio, segundo a qual o primeiro elemento que caracteriza quem se fortaleceu corretamente contra a infelicidade não é a virtude e sim a boa saúde: tanto a higiene de vida que impede adoecer, ou seja, no caso concreto, desenvolver falsas representações, quanto uma constituição robusta (um juízo consolidado adequadamente por meio de representações corretas) que torna capaz de enfrentar o sofrimento quando este vier a ocorrer. Assim, o sábio "será mais suscetível aos

---

10. "A verdadeira franqueza, aquela que caracteriza a amizade, empenha-se em curar as falhas; e a dor salutar e conservadora causada por ela assemelha-se aos efeitos do mel que, embora doce e proveitoso, corrói as úlceras e tem a virtude de purificá-las. Ela será para nós o objeto de uma menção especial." [Plutarco, *Como tirar proveito de seus inimigos: seguido de Da maneira de distinguir o bajulador do amigo*, São Paulo, Martins Fontes, 1997, p. 61. (N.T.)]

sentimentos, mas sem que isso se torne um estorvo à sua sabedoria" (DL, X, 117, p. 310).

É tentador comparar essa concepção a respeito do sábio com as posições nietzschianas sobre a "robusta saúde" do filósofo.[11] É provável que a posição de Nietzsche, conhecedor perspicaz do pensamento antigo, inspire-se em parte na filosofia do Jardim, que ele havia compreendido de maneira notável; no entanto, vai considerá-la como uma etapa para a verdadeira saúde, em vez de sua plena realização. O apaziguamento sereno prometido pelo epicurismo é apenas um antegozo da alegre aceitação nietzschiana do mundo:

> Semelhante felicidade só podia ter sido inventada por alguém que sofria sem cessar: é a felicidade de um olhar diante do qual se apaziguou o mar da existência e que agora já não pode encontrar a sua plena satisfação em contemplar essa superfície ondulante, essa epiderme multicolorida, delicada e fremente: nunca ali tinha havido até então semelhante modéstia da voluptuosidade.[12]

A saúde epicurista assim descrita é bastante precária frente à robustez do filósofo nietzschiano; o corpo de Epicuro, limitado pela natureza e reconhecendo esses limites, contenta-se com prazeres à sua medida, ao passo que o corpo nietzschiano, desmedido, aspira impor ele próprio o limite ao mundo. Resta-nos mostrar que é justamente essa aceitação por Epicuro dos limites do corpo, assim como de suas possibilidades, que lhe permite deduzir, por trás do retrato do sábio dotado de "boa saúde", uma ética hedonista fundada em um sensato cálculo dos prazeres.

---

11. Cf. o artigo de Jean-François Balaudé "Le masque de Nietzsche", *Magazine Littéraire*, n. 425, nov. 2003.
12. *A gaia ciência*, I, 45. [F. Nietzsche, *A gaia ciência*, São Paulo, Escala, 2006, p. 71-72. (N.T.)]

2.3. Uma moral do prazer

O prazer, soberano bem?

> Um entendimento correto dessa teoria nos permitirá dirigir toda escolha e toda rejeição com vistas à saúde do corpo e à tranquilidade perfeita da alma, visto que isso é a realização suprema de uma vida feliz: a finalidade de todas as nossas ações consiste em livrar-nos do sofrimento e do temor; e quando atingimos esse objetivo, desaparece toda a tempestade da alma, porquanto a criatura viva não tem necessidade de buscar algo que lhe falta, nem de procurar outras coisas com que possa realizar o bem da alma e do corpo. De fato, sentimos necessidade do prazer somente quando sofremos pela ausência do prazer; ao contrário, quando não sofremos dessa falta, deixamos de sentir tal necessidade. Por isso, afirmamos que o prazer é o princípio e o fim da vida feliz. (CMen. 128; DL, X, p. 312)

O prazer é o *telos*, ou seja, o sentido de toda ação, a intenção e o objetivo da *energeia* filosófica de Epicuro. Bem absoluto, que preenche totalmente quem o consegue, e depois do qual nada poderia ser desejado, ele é o objeto de toda a reflexão epicurista, o fator central de sua ética e de sua física. Tal postura classifica o epicurismo sem ambiguidade na categoria das doutrinas chamadas *hedonistas*, para as quais a vida filosófica identifica-se com uma busca do prazer. A questão é, assim, procurar saber o que diferencia esse prazer filosófico de uma banal fruição.

O ponto mais notável é, sem dúvida, a dificuldade encontrada pelos próprios epicuristas quando se trata de definir, com precisão, esse famoso prazer. Escutemos, a esse respeito, as críticas formuladas por Cícero a um epicurista chamado Torquato:

> Epicuro rejeita que se defina o que quer que seja, sem o que, no entanto, os que conversam não podem entrar em acordo sobre um assunto em discussão, como é o caso acerca do nosso atual objeto de conversação. Com efeito, tentamos descobrir o soberano bem. Podemos acaso saber o que ele é se não começarmos a entrar em acordo sobre o que é — para nós, que falamos de "soberano bem" — "soberano" e "bem"? [...]
> Agora, portanto, se não te incomodares demais, e visto que consentes às vezes em definir, e o fazes quando tens vontade, eu gostaria que definisses o que é o prazer, em torno do qual gira toda a nossa busca. (De Fin. II, 2, p. 34-35)

Como foi sublinhado perfeitamente por Cícero, o prazer, tal como Epicuro o entende, é um objeto complexo; segundo pretendem os epicuristas, ele não pode ser confundido com a prosaica *voluptas*, a qual, no entanto, não deixa de ser a sua manifestação. Contudo, segundo parece, os próprios epicuristas não estão de acordo sobre a sua natureza; com efeito, ao mesmo tempo que o definem negativamente como ausência de sofrimento, eles reservam na classificação dos prazeres um lugar para um prazer chamado "cinético", em movimento, que lhes parece assemelhar-se bastante ao que vulgarmente é designado como *voluptas*. A posição deles é apresentada, em Cícero, por Torquato:

> É por isso que [Epicuro] nega que seja obra da razão e da inteligência buscar o deleite e fugir da dor. Crê, na verdade, que nada disso propriamente se julga, mas antes se sente, como se sente o calor do fogo, a brancura

da neve, a doçura do mel, coisas que jamais se hão de confirmar com razões admiráveis, bastando antes simplesmente enunciá-las. Com efeito, há diferença entre um argumento e conclusão elaborada segundo as regras racionais e uma mediana percepção: nesta, o argumento está oculto e como que envolto; naqueles, descoberto e claro. E assim como ao homem privado dos sentidos nada restaria, é necessário que a natureza mesma julgue o que é natural ou antinatural. E que razão percebe a natureza para buscar alguma coisa ou fugir dela senão o mesmo deleite e a mesma dor? (De Fin. I, 9, p. 14)

O prazer, afinal, não se define, mas se identifica pelo recurso a uma *admonitio*, sinal ou advertência que nos leva ao que se sente e não ao que é demonstrado. Isso não impede de propor uma definição mais clássica do prazer como ausência de dor. Mas Torquato aceita que essa definição é insatisfatória e até mesmo incompleta, visto que o essencial consiste em relacionar o que designamos como prazer a um *páthos* primordial que ditará, para o resto de nossa vida, as nossas escolhas e as nossas rejeições.

Portanto, pode-se afirmar, sem contradição, em um primeiro momento, que o prazer, tal como Epicuro o concebe, identifica-se com a ausência de dor e, em um segundo momento, distingue duas modalidades da *voluptas*: por um lado, a consciência de um equilíbrio do corpo (*eustatheia*) no instante em que nada lhe falta (prazer dito "estável" ou *katasthêmatikos*); e, por outro, o delicioso êxtase sensual quando se produz uma sensação particularmente agradável (prazer dito "em movimento" ou *cinético*). Já encontramos um exemplo dessa alegria positiva em Lucrécio, na medida em que a contemplação serena do naufrágio evitado suscitará um verdadeiro regozijo na alma daquele que se livra de tal acidente; o texto citado no começo deste capítulo descreve um estado de espírito muito distante de uma simples apatia.

Essas sutilezas são, na realidade, vestígios de uma disputa entre os epicuristas e outros célebres hedonistas da Antiguidade: os cirenaicos, discípulos de Aristipo de Cirene. Estes consideram também o prazer como o objetivo principal da existência e a condição da felicidade; no entanto, eles concebem o prazer como uma vibração do corpo, obtido graças a estímulos, que vêm contrabalançar o movimento da dor, enquanto para os epicuristas ele é a consequência do estado de saúde e equilíbrio do composto alma-corpo. O "chamego" agradável limita-se a ser, para os epicuristas, um prazer de segunda ordem, que só pode ser experimentado quando o corpo já está livre de dores, portanto sadio, e que é acrescentado ao prazer de equilíbrio sem incrementá-lo — já que apenas o prazer de equilíbrio pode ser considerado como completo e perfeito.

Prazer do estômago contra prazer do sexo: o cálculo racional dos desejos

Portanto, o prazer do qual se fala em Epicuro é, antes de tudo, essa consciência aprazível de um corpo liberado do mal. Nesse sentido, o seu modelo não será o prazer sexual, mas antes a sensação proporcionada por um estômago razoavelmente saciado:

> O prazer do ventre é o princípio e a raiz de todo o bem; tanto o que é sábio como o que é sublime reduzem-se a essa sensação.[13]

---

13. Us. 509 (citação de Ateneu). [Ateneu de Náucratis (c. 200), escritor da Grécia Antiga, é conhecido sobretudo por uma compilação de casos e de citações de autores antigos cujas obras se perderam, intitulada *Os deipnosofistas*, em quinze livros (em grego, Δειπνοσοφισταί, ou

O ventre deve ser o nosso modelo; ele se contenta com pouco e, sobretudo, o seu limite natural corresponde exatamente ao ponto de equilíbrio que alguém alcança ao sentir-se feliz; no momento em que essa capacidade é ultrapassada, o prazer torna-se sofrimento. O estômago é, portanto, um padrão de medida que nos indica com grande fiabilidade o que deve ser a busca do prazer: a avaliação do que é tolerado pelo corpo, a dimensão exata do que vai contentá-lo sem o sobrecarregar. O prazer sexual, pelo contrário, é um prazer perigoso porque, em relação à sexualidade, o corpo não possui uma medida natural equivalente ao bolo alimentar. A característica principal do desejo sexual é a impossibilidade de ele ser saciado. A busca por ele é necessariamente decepcionante, anunciando mais sofrimento do que prazer:

> Comida e bebida, absorvidas pelo corpo,
> podem ficar alojadas em determinados lugares dele.
> Assim se satisfaz facilmente o desejo de água e de pão.
> Mas de um belo semblante e de uma tez bonita nada penetra
> para regozijar o corpo, exceto simulacros sutis,
> miseráveis esperanças, muitas vezes, levadas pelo vento! (DRN, IV, 1091-1096)

De acordo com Epicuro, o amor é a oportunidade para observar o desregramento de uma alma escrava de um desejo frívolo; busca-se no objeto amado o que ele seria incapaz de dar, uma fonte de prazer equivalente ao desejo suscitado por ele, e que é infinito. O ato sexual é perda — perda de si, tanto no sentido próprio quanto figurado —,

---

O banquete dos sofistas), o que a torna uma fonte primária. Cf. P.-E. Dauzat et al., *Guide de poche des auteurs grecs et latins*, Paris, Les Belles Lettres, 2011; e G. Kaibel, *Athenaei Naucratitae Deipnosophistarum libri XV*, Leipzig, Teubner, 1887-1890, 3 vols. (N.T.)]

ao passo que a ingestão moderada de alimento é ganho real e reequilíbrio de um organismo fragilizado pela fome.

O verdadeiro prazer é, portanto, justa medida, saciedade e equilíbrio. O caso do prazer sexual mostra que, obviamente, as ocasiões de encontrar tal prazer são difíceis de determinar e que os prazeres mais aparentemente evidentes estão longe de ser os mais adequados e desejáveis. E até mesmo quando se trata do estômago, medida natural, estamos sujeitos a nos equivocar:

> Insaciável não é o ventre, como muitos dizem, mas a falsa opinião de que o ventre pode ser indefinidamente saciado. (SV 59, p. 45)

Com efeito, se as criancinhas têm uma tendência espontânea a seguir o prazer e a evitar o sofrimento, essa tendência diminui sob a pressão da vida social; além disso, a intuição que impelia naturalmente o homem primitivo a identificar o bem se encontra embaralhada pelos fantasmas criados inteiramente pela opinião. O prazer, enquanto afeto, nunca é malévolo, mas esse nem sempre é o caso do desejo que anima o indivíduo, o qual nos leva a buscar equivocadamente determinadas sensações.

Vários casos são previsíveis: a pessoa, como já vimos ter sido o caso para o prazer sexual, pode iludir-se a respeito do ganho pretendido, esperar mais do que o razoável e ficar decepcionada; pode igualmente negligenciar as consequências, a longo prazo, de um prazer imediato que irá custar um preço bastante elevado; pode, enfim, enganar-se ainda muito mais gravemente e perseguir com obstinação quimeras que serão apenas causa de sofrimento. Em cada uma dessas situações, o que faz falta é uma apreensão racional e um domínio dos desejos. A ética epicurista pretende realizar sobre os desejos um trabalho minucioso de identificação e de seleção, e em virtude disso ensina a *fisiologia*, de maneira a discernir com exatidão quais são os verdadeiros prazeres, aqueles que merecem realmente ser objeto de nossa busca. Esse "cálculo racional" dos desejos é descrito com precisão na *Carta a Meneceu*:

> Devemos também ter em mente que alguns dos desejos são naturais, e outros são infundados. Entre os naturais, alguns são necessários e outros apenas naturais; entre os necessários, alguns são necessários à felicidade, outros à tranquilidade sem perturbações do corpo e outros à própria vida. (CMen. 127; DL, X, p. 312)

Os desejos são classificados por Epicuro em função do risco que alguém corre em segui-los. Os desejos naturais e necessários estão totalmente isentos de riscos, a pessoa pode (e até mesmo deve) deixar-se guiar com confiança por eles — como a fome, a sede, o frio, mas também, na medida em que se trata de desejos cujos objetos são indispensáveis para alcançar a felicidade, a amizade, a virtude e o conhecimento da natureza, condição de possibilidade de obter a *ataraxia*.

Os desejos naturais que não são necessários exigem, por sua vez, um tratamento mais delicado. Em si mesmos, não levam a pessoa a correr perigo direto, mas possuem uma potencialidade não desprezível de desregramento; apesar de serem ditados pela natureza, eles não têm, a exemplo do desejo sexual, freio natural. O seu caráter não necessário acaba por torná-los suscetíveis de serem pervertidos pela falsa opinião. Na medida em que alguém, apesar de se deixar levar por esses desejos, conseguir manter-se a distância de representações vazias, pode utilizá-los com moderação; mas são totalmente contraindicados para a mente fraca mais sensível a quimeras e fábulas. Assim, por exemplo, o rude homem primitivo, que faz um uso totalmente animalesco e sereno do coito, será oposto ao amante romanesco cuja paixão o conduz com certeza à infelicidade.

Quanto aos desejos não naturais e não necessários, eles são, bem entendido, os mais perigosos, devendo ser proscritos absolutamente e sem exceção. Segundo o vocabulário próprio de Epicuro, esses desejos são "vazios" (*kenoi*), à imagem das opiniões que lhes dão origem, não se apoiando em nenhum conteúdo positivo; desse modo, todas as baterias de combate da ética epicurista estão dirigidas contra eles, pelo fato de serem a única causa da infelicidade da civilização.

Eles assumem múltiplas formas (interesse pelas riquezas e pelo poder, busca de honrarias), mas na realidade são apenas formas do único desejo de imortalidade. Todos eles provêm, portanto, dessa falsa representação da mortalidade como um mal. É contra eles que se dirigem os dois primeiros "ingredientes" do quádruplo remédio, visto que a sua destruição na mente passa pela aceitação destas duas verdades: "A morte nada é para nós" e "Não se deve temer os deuses". Analisaremos detalhadamente, nos capítulos seguintes, o sentido exato desses dois pilares da ética epicurista; por enquanto, contentemo-nos em compreender que cada situação na qual o homem é levado a sofrer, em função de seus próprios desejos, é uma consequência direta do desconhecimento dessas duas verdades.

A ética epicurista, que estuda profundamente os dados da fisiologia para eliminar os falsos desejos, é uma ética racional, baseada em uma capacidade de cálculo — e, portanto, de antecipação. Trata-se sempre de proceder ao julgamento do próprio desejo, tendo-o colocado à distância de si de maneira suficiente para avaliar o seu conteúdo e o seu alcance:

> Em relação a todos os desejos, façamos a seguinte pergunta: que acontecerá comigo se eu atingir aquilo

que o desejo persegue e que acontecerá se não atingir? (SV 71, p. 53)

Tais distanciamento e antecipação são apenas a primeira etapa, que precede a da fruição, mas não se confunde com ela. É preciso também, em determinado momento, ser capaz de interromper o cálculo, suspender a sua decisão e reatar com o fluxo atual da existência — caso contrário, a pessoa arrisca perder de vista o objeto principal do cálculo, que é exatamente o prazer efetivo:

> Não devemos estragar o que está presente pelo desejo do que está ausente, mas ponderar que também as coisas presentes foram antes desejadas. (SV 35, p. 31)

A felicidade passa, portanto, por um domínio da temporalidade, que se exprime, no sábio, por uma capacidade para se projetar no futuro, mas também pela perspectiva de conectar cada uma de suas projeções ao presente.

Definição e estatuto da virtude: o papel social da "prudência"

Um aspecto salta à vista: esse controle dos desejos recomendado pelo epicurismo não é motivado por um ideal de virtude, e sim pela busca do prazer. Acontece que esse domínio terá efetivamente a virtude como consequência secundária; no entanto, como se compreende perfeitamente, o sábio epicurista não o é por ser virtuoso, mas, antes, é virtuoso por ser sábio. Para Epicuro, a virtude não é de modo algum o objeto principal da sabedoria, e sim um de seus adjuvantes. Convém ainda esclarecer o que se entende, aqui, por virtude.

Ao tratar-se do exercício das diferentes disposições morais pelas quais, de maneira tradicional, é estabelecida a distinção, na Antiguidade, entre o homem honesto e o ladrão, o sábio epicurista possui todas elas: ele é sóbrio, generoso, de trato agradável, honesto, tranquilo, cumpridor das leis, franco e justo. Mas se, por virtude, entende-se o amor sublime e desinteressado pelo Bem e pelo que é Justo por si mesmos, então é forçoso constatar que não se pode tão facilmente considerar isso como uma característica do sábio epicurista. A vida feliz confunde-se com a vida virtuosa simplesmente porque a virtude é o meio mais seguro de alcançar e conservar o verdadeiro prazer.

A virtude é, portanto, instrumentalizada pelo epicurismo (exatamente como, vimos no capítulo precedente, a amizade) e não é identificada com o fim ético em si, mas é um de seus instrumentos. Isso permite a Epicuro concluir que "não se pode levar uma vida agradável se não se vive com sabedoria, moderação e justiça, nem se pode levar uma vida sábia, moderada e justa se não se vive agradavelmente; as formas de excelência são concomitantes com a vida aprazível, e esta é inseparável delas" (CMen. 132; DL, X, p. 313).

Por que será que a virtude é um método tão seguro para alcançar a felicidade? Como resposta, é possível distinguir duas razões: a primeira consiste na identidade entre a virtude e a "prudência", ou seja, justamente a faculdade de regular as próprias representações e colocar em ordem as suas ações tendo em vista obter um resultado desejável. A prudência é a regra que permite ao sábio manter-se afastado daquilo que poderia provocar-lhe sofrimento e que, portanto, acaba por protegê-lo de qualquer forma de mal — inclusive do mal que ele próprio viesse a cometer. A segunda razão apoia-se na história da humanidade tal como é concebida por Epicuro: se ainda fôssemos homens primitivos, "filhos de uma terra dura" (DRN, V, 926), nossa existência consistiria simplesmente em sobreviver da melhor forma no meio de uma natureza hostil, sem nos preocuparmos com justiça nem com bondade, mas em uma inocência semelhante à dos animais. A preocupação com a justiça surge com as primeiras sociedades; e, à semelhança da amizade, começa sendo prescrita por considerações utilitárias.

Os primeiros grupos de seres humanos, ao invocarem a proteção mútua, elaboraram pactos sociais que condicionaram a sobrevivência da espécie, a qual não teria sobrevivido, muito tempo, à guerra perpétua imposta pelo interesse particular. Segundo a antropologia epicurista, as pessoas instituíram as leis para se proteger umas das outras, a partir do modelo de um contrato inspirado pelos imperativos da sobrevivência; elas optaram igualmente por reforçar esse contrato pela instauração de castigos, destinados a frear aqueles que viessem a perder de vista o interesse que teriam em cumprir as leis.[14] A virtude, enquanto conduz ao respeito pela justiça e pelas leis, tornava-se então uma regra fundamental da convivência — e aquele que pretendesse ignorá-la estaria contribuindo para que os outros corressem um sério risco, assim como ele próprio, pelo fato de se tornar a vítima potencial de um castigo merecido:

> Em si mesma, a injustiça não é um mal, embora o seja ao instilar o temor associado à suspeita de que ela possa passar despercebida daqueles que estão encarregados de punir tais atos. (MP 34; DL, X, p. 320)

O anel de Giges[15] não existe. Se as leis têm, portanto, efetivamente o seu fundamento na apreensão do útil, que

---

14. Essa etapa é descrita, em particular, pelo epicurista Hermarco, em um texto copiado por Porfírio em seu tratado sobre o vegetarianismo (*De Abstinentia ab esum animalum*, I, 8 [Da abstinência de comer alimento de animais]).
15. Na *República*, de Platão, os interlocutores de Sócrates utilizam o mito de Giges para defender a hipótese segundo a qual todo homem, se

não é necessariamente acessível a todas as mentes, o fato de recorrer à exposição perante o olhar público — algo inerente à vida em sociedade — basta para garantir o respeito às leis e, ao mesmo tempo, para justificar a importância atribuída à vida virtuosa.

A antropologia epicurista é, na realidade, tributária das intuições de Demócrito de Abdera (460-370 a.C.) — filósofo fundador do pensamento atomista —, cujas posições sobre essa questão são conhecidas graças ao testemunho de Diodoro da Sicília.[16] Demócrito foi, sem dúvida, o primeiro a fixar o esquema de uma história materialista da humanidade, cujas grandes etapas se encontram nos principais textos epicuristas que abordam esse assunto — a saber, na *Carta a Heródoto*, no canto V de *De Rerum Natura* e em um fragmento de Diógenes de Enoanda (fr. 12 col I l. 13 a col II l. 11).

As razões desse empreendimento antropológico são duplas: em primeiro lugar, o atomismo deseja propor uma filosofia capaz de secularizar e naturalizar a história da humanidade; trata-se muito claramente de substituir o mito, forma tradicional da antropologia antiga, pela história natural. Isso é característico em particular no que concerne à

---

estivesse livre para agir com total impunidade, preferiria cometer a injustiça a agir de maneira justa e honesta. Giges, pastor lídio, descobre por acaso um anel mágico que tem a propriedade de tornar invisível quem o usa no dedo. Recorre, então, às virtudes do anel para seduzir a esposa do rei, tramar com ela o assassinato do soberano e tornar-se tirano.

16. *Biblioteca Histórica* (ou *História Universal*), I, VIII, I-9. [Texto redigido em quarenta volumes pelo compilador siciliano — conhecido também como Diodoro Sículo (90-30 a.C.) —, em que somente os livros 1-5 e 11-20 subsistiram praticamente na íntegra; dos outros, restam apenas alguns fragmentos. Mesmo assim, é o mais extenso relato sobre a época helenística que chegou até nós, desde as origens míticas da Grécia e de Roma até as últimas décadas da República Romana; cf. F. Chamoux e P. Bertrac, *Diodore de Sicile, Bibliothèque Historique*, Paris, Les Belles Lettres, 1972, livro I. (N.T.)]

história das técnicas. O objetivo da argumentação consiste, com efeito, em mostrar que não são os deuses que fazem o homem tal como ele é e que o dotam de dádivas, mas que as inovações técnicas são o resultado de um movimento espontâneo da natureza. Ademais, o discurso antropológico é um elemento importante da demonstração filosófica dos epicuristas, o qual procura estabelecer que tudo nasce e caminha para a morte, sendo a matéria a única realidade a-histórica, portanto, imortal.

O epicurismo é, nesse sentido, uma filosofia empirista que, enquanto tal, suscita a questão do começo, que ela inscreve na experiência tal como a vivemos, ou seja, na natureza. Um estudo da natureza torna-se sempre, em determinado momento, um questionamento sobre a origem — dos mundos, das espécies, da humanidade e de seus atributos (linguagem, sociedade...).

A humanidade é descrita pela antropologia epicurista como inicialmente dispersa, e seu agrupamento em protossociedades é feito sob o efeito da necessidade, uma vez que ele garante segurança para os fracos e, em particular, para as crianças. A combinação da ação do uso com a necessidade levou progressivamente à elaboração de leis e de discursos comuns. No entanto, a grande diferença entre os modelos epicurista e democrítico reside no seguinte: enquanto Epicuro torna a convenção (*thesis*) consequência de uma revolução da natureza (*physis*), Demócrito propunha uma concepção mais diretamente convencionalista da sociedade, de modo que as leis produzidas pelo raciocínio (*logismos*) se impõem, imediata e arbitrariamente, às primeiras comunidades.

Para Epicuro, verifica-se a instauração de uma sociabilidade natural, inspirada na preocupação (*oikeiosis*) espontânea dos fortes para com os fracos, aliás, decalcada na afeição que emerge das relações familiares. Essas sociedades naturais são rapidamente levadas a se aperfeiçoar;

técnicas diversas (a mais importante das quais continua sendo a linguagem) vêm aprimorar as condições de existência dos indivíduos, enquanto a complexidade crescente das relações sociais obriga a substituir as regras naturais de proteção por leis convencionais, acompanhadas pela ameaça de castigos.

Essa resolução espontânea e dinâmica, efetuada mediante um desenvolvimento imanente à própria *physis*, é descrita na *Carta a Heródoto*. Ela oferece um modelo epistemológico da invenção técnica e, nesse sentido, é válida para compreender tanto a origem da linguagem e das leis, como é o caso no texto em questão, quanto as invenções humanas resultantes do livre exercício da inteligência:

> Deve-se ainda supor que a natureza aprendeu muitas e variadas lições dos próprios fatos e foi constrangida por eles, e que a razão desenvolve escrupulosamente o que recebe da natureza e faz descobertas em alguns campos mais velozmente e, em outros, menos, e em determinados períodos e épocas faz progressos mais importantes e, em outros, progressos menores.
>
> Por isso, os nomes das coisas também não foram originariamente postos por convenção, mas a natureza própria dos seres humanos, segundo as várias tribos, os criou; sob o impulso de sentimentos peculiares e de percepções específicas, os seres humanos emitiam gritos peculiares. O ar assim emitido era moldado por seus sentimentos ou percepções sensitivas individuais, e de maneira diferente segundo as regiões habitadas pelas tribos. Mais tarde, as tribos isoladas chegaram a um consenso e deram assim nomes peculiares a cada coisa, a fim de que as comunicações entre elas fossem menos ambíguas e as expressões, mais concisas. Quanto às coisas invisíveis, alguns seres humanos que tinham consciência delas quiseram introduzir a sua noção e

as designaram com certos nomes que pronunciavam impelidos pelo instinto ou escolhiam com o raciocínio, de acordo com o modo predominante de formação, imprimindo assim maior clareza ao que desejavam expressar. (CHer. 75-76; DL, X, p. 300-301)

Nessa passagem, encontra-se o processo, adaptado à linguagem, que havíamos verificado a propósito das leis: a primeira etapa de lexicalização comum, eficaz, porém rudimentar, é substituída por uma etapa de aprofundamento, de desenvolvimento e de elucidação; trata-se de uma etapa convencional dirigida por indivíduos mais bem-dotados, que apreendiam diretamente a sua pertinência, e com a qual os outros concordavam por raciocínios, ou seja, por falta de uma concepção direta.

A sociedade atual é, para Epicuro, o produto dessas sociedades primitivas e desses primeiros sistemas de leis. A sua natureza é, portanto, ambígua. Desde o começo deste capítulo, vimos que a natureza desempenha um papel não desprezível no infortúnio da humanidade, dado que ela mantém os falsos desejos, tais como a apetência por poder, riquezas e honrarias; além disso, ela alimenta as superstições religiosas que servem de fundamento, de maneira perversa, à grande parte de sua autoridade. Em um plano antropológico, porém, a sociedade é um progresso inegável; ela é a condição de acesso da humanidade às noções de justiça e de direito, oferecendo-lhe uma segurança e um conforto absolutamente apreciáveis.

A doutrina epicurista é permeada por essa ambiguidade e opõe constantemente, por um lado, o espaço público, perigoso, exposto a riscos, fonte de orgulho e de desejos irrefletidos que lhe são inerentes e, por outro, a intimidade dos *socii*, ou seja, os vizinhos, os semelhantes com quem a pessoa partilha, na amizade, as alegrias da filosofia e da festa nos espaços de sociabilidade privada, descritos como cidadelas no interior da *cité*. No âmago desses círculos privilegiados, os deveres sociais tornam-se a oportunidade de novos prazeres e a virtude é exercida como se tratasse de uma representação, sob a proteção fortificada da amizade. Aí é possível, segundo as próprias palavras de Epicuro, "viver como filósofo", ou seja, "administrar a casa e servir-se de todas as coisas que nos são próprias, sem nunca cessar de propor as palavras da filosofia correta" (SV 41, p. 33).

No final dessa incursão no âmago da ética epicurista, podemos ter uma ideia mais exata do que significa, para Epicuro, "ser feliz". A felicidade passa, em primeiro lugar, pela aceitação de sua ausência. Uma tomada de consciência de sua infelicidade e alienação social é o prolegômeno indispensável para a implementação da terapia epicurista. Como é difícil reconhecer a sua própria servidão, sobretudo quando ela se apoia em representações falsas, mas socialmente valorizadas! Esse reconhecimento, porém, condiciona o sucesso da terapia, na medida em que esta se baseia na remoção definitiva dessas falsas representações e na substituição das mesmas pelo discurso libertador da "filosofia da natureza".

O segundo momento da cura, que conduz com certeza ao estado de "saúde robusta" do sábio epicurista, corresponde à identificação da felicidade com o prazer, definido como estado apaziguado do corpo e da alma, os quais de nada carecem. Essa plenitude só pode ser atingida depois de ter sido efetuado o "cálculo racional" dos desejos, pelo qual identificamos os desejos malévolos, equivocados ou desmesurados, e adotamos apenas os desejos "naturais", próprios ao nosso estado e suscetíveis de nos satisfazer realmente. Nada mais fácil, em aparência; e, no entanto, nada mais delicado a implementar, na realidade, porque também nesse aspecto é bastante difícil adotar, em relação ao próprio desejo, tal ponto de vista discriminante e aceitar a renúncia às sereias da glória, da fortuna ou do poder político.

Tanto mais que Epicuro não propõe nenhuma meia medida relativa a essas arapucas, nenhuma acomodação, nenhuma via média, mas uma renúncia pura e simples, sem a qual estamos destinados a uma infelicidade eterna. O caso do prazer sexual, como vimos, é mais ambíguo; cabe-nos encontrar o ponto de equilíbrio entre satisfazer uma necessidade do corpo que em si não é detestável e sucumbir ao sentimento amoroso, que, por sua vez, nada pode oferecer além de amargura e desespero. Resta, evidentemente, responder à questão da própria possibilidade de tal recuo, de tal esquiva do amor no sexo...

Um autor como Stendhal[17], ao descrever a eclosão do sentimento amoroso como uma "cristalização", ou seja, como a sublimação mental pelo amante do objeto de seus desejos, depara-se com a mesma dificuldade...

> Com efeito, remédio para o amor é coisa quase impossível. É necessário não só um perigo que chame fortemente a atenção do homem para a sua própria conservação, mas também, o que é muito mais difícil, a continuidade de um perigo excitante que se possa evitar com habilidade, a fim de despertar o hábito de pensar na própria conservação.[18]

Com efeito, o que Stendhal não deixa de sublinhar — e que talvez esteja ausente na análise dos epicuristas —, a própria cristalização, a fantasmagoria que nos mergulha

---

17. Pseudônimo literário do escritor francês Henri-Marie Beyle (1783--1842). [N.T.]
18. *De l'Amour*, cap. XXXIX bis, "Remèdes à l'amour". [Stendhal, "Remédios do amor", in: Stendhal, *Do amor*, trad. e seleção W. Lousada, Rio de Janeiro, José Olympio, 1958, p. 174, col. Rubáiyát. (N.T.)]

na ilusão, é fonte de decepções, mas também de prazeres poéticos não desprezíveis...

> Ora, gozar e comover-se é ocupação muito interessante, e junto dela todas as outras desaparecem.[19]

No entanto, o próprio Stendhal adota, nesse aspecto, o princípio essencial da moral epicurista, que considera o prazer como a própria essência da felicidade.

A descoberta dessa identidade entre prazer e felicidade obriga-nos a abordar, com um olhar novo, a noção de virtude, que os epicuristas consideram apenas como ingrediente da felicidade, de um ponto de vista resolutamente utilitarista. Descrevemos sucintamente o contexto antropológico em que intervêm as concepções epicuristas da virtude, mas também da justiça e, mais amplamente, do direito. Estamos longe de uma visão idílica da natureza humana, em que o contrato social seria apenas a expressão histórica de uma consciência moral comum a todos os indivíduos. Se a justiça se tornou necessária, foi, ao contrário, por falta de senso moral. A virtude é o produto de uma decisão comum, resultado de uma mudança voluntária na organização das sociedades, após terem sido constatadas a violência própria do ser humano e a necessidade de os indivíduos se preservarem mutuamente dessa violência.

---

19. Ibidem, p. 175. [N.T.]

III
Uma física materialista

3.1. Dois princípios: os átomos e o vazio

O atomismo, uma antimetafísica?

Em relação à física, Epicuro edificou o seu sistema a partir de dois princípios marcados por uma sobriedade notável: os corpos e o vazio. Essa dicotomia é um legado de Demócrito, o qual, por sua vez, concebia-a como uma resposta polêmica ao eleatismo, respaldada na oposição entre o ser e o não ser. A implicação desse debate é fundamental, visto que se trata nada menos do que superar a rejeição de Parmênides de Eleia (séculos VI-V a.C.), fundador da escola eleata, de qualquer discurso racional sobre a natureza, assimilado a um conjunto de "opiniões verossímeis". Para esse filósofo, a natureza não é um verdadeiro objeto de saber porque, à simples observação, ela limita-se a oferecer movimento, contradição e diferença. A fisiologia, "discurso sobre a natureza", é apresentada como um discurso de segunda classe, abre espaço apenas a verossimilhanças e não a verdades:

> [Parmênides] qualifica tal discurso como pertencente à opinião e equivocado, não que seja absolutamente

falso, mas enquanto cai da verdade inteligível no fenômeno e no sensível submetido à opinião.[1]

Para Parmênides, o que é verdadeiro só se exprime para além da física, a propósito do próprio ser, em uma fascinante tautologia que preserva a sua identidade: "o ser é, o não ser não é".

No entanto, a física não é totalmente desqualificada por Parmênides, uma vez que o seu *Poema* lhe reserva justamente análises bastante detalhadas — ela não deve, portanto, ser identificada com a via do não ser, que é de imediato rechaçada e interditada. No entanto, o estatuto do discurso sobre a física permanece ambíguo, solapado em seus fundamentos por uma ontologia radical que não chega a distinguir, claramente, o ser do devir; por isso, a física eleata apoia-se em princípios problemáticos na medida em que deve explicar um conjunto de fenômenos, cuja característica primeira é o movimento, sem deixar de desenvolver, ao mesmo tempo, uma ontologia que rejeita esse mesmo movimento, enquanto realidade impensável e completamente irracional. Os famosos paradoxos[2] de Zenão de Eleia, discípulo de Parmênides, que visam demonstrar a irracionalidade do movimento, constituem

---

1. Simplício da Cilícia (c. 490-c. 560), *Comentário sobre a Física de Aristóteles*, 39, 10. [Desde a Antiguidade considera-se que Parmênides teria escrito uma só obra, intitulada *Peri Physeos*, ou *Sobre a natureza*; desse poema didático, são conhecidas atualmente apenas citações fragmentárias, presentes nos textos de diversos autores, tais como Platão, Aristóteles, Plutarco e Sexto Empírico, além de Simplício. Cf. G. Bornheim, *Os filósofos pré-socráticos*, São Paulo, Cultrix, 2005. (N.T.)]
2. Os quatro argumentos ou paradoxos de Zenão de Eleia são "a dicotomia", "Aquiles e a tartaruga", "a flecha imóvel" e "o estádio". O mais conhecido é o de "Aquiles", resumido assim por Aristóteles: "O mais lento na corrida [a tartaruga] nunca será alcançado pelo mais rápido [Aquiles]. Com efeito, o perseguidor deve sempre começar por atingir o ponto de onde partiu o fugitivo, de modo que o mais lento mantenha sempre algum avanço" (*Física*, VI, 9).

um obstáculo difícil de contornar a qualquer tentativa de fundação de uma física racional — aliás, Aristóteles empenha-se em refutá-los, dedicando-lhes uma parte importante de sua *Física*.

Ora, se a refutação de Aristóteles apoia-se em uma ontologia continuísta e na apreensão do movimento como inscrito em uma duração orientada, a estratégia atomista adotada por Demócrito, embora visando o mesmo objetivo, é totalmente diferente; com efeito, ela procurará pensar o movimento como um fenômeno estocástico, aplicado a uma matéria descontínua.

O pensamento atomista rompe a muralha metafísica erguida pelos eleatas entre o discurso sobre a física e a racionalidade científica, ao situar o filósofo não em posição sobrelevada relativamente ao mundo, mas em seu próprio âmago, em imersão. É no cerne do ser, enquanto princípio móbil e fértil de uma natureza, ou seja, enquanto ele serve de estrutura material ao mundo do devir, que se encontra o lugar do que é verdadeiro.

O ponto de vista epistemológico: os três princípios de "conservação"

Na esteira de Demócrito, Epicuro retoma por sua conta e desenvolve esse avanço considerável (sendo levado, ao mesmo tempo, como veremos, a criticar em parte a posição democrítica e a refundá-la). Nesse sentido, é possível ler os primeiros parágrafos da *Carta a Heródoto* como uma resposta, termo a termo, à metafísica de Parmênides. Se retomarmos, em sua ordem de aparição, os diferentes princípios chamados de "conservação" pelos quais, nesse texto, Epicuro inaugura a sua física, encontramos de fato as principais respostas que o atomismo dirige às aporias dos eleatas:

Em primeiro lugar, nada nasce do não ser; se não fosse assim, tudo nasceria de tudo e nada teria necessidade de sua própria semente.

E se aquilo que desaparece fosse destruído e se resolvesse no não ser, todas as coisas já estariam mortas, visto que não existiria aquilo em que elas deveriam se resolver. Entretanto, o todo sempre foi exatamente como é agora e sempre será assim; então, nada existe em que ele pudesse transformar-se porque, além do todo, nada existe que possa penetrar nele e provocar a transformação.

Além disso, o todo é constituído de corpos e vazio. Com efeito, a existência de corpos é atestada em toda parte pelos próprios sentidos, e é nos sentidos que a razão deve basear-se quando tenta inferir o desconhecido partindo do conhecido.

Se aquilo que denominamos vazio ou espaço, ou aquilo que por natureza é intangível, não tivesse uma existência real, nada haveria em que os corpos pudessem estar, e nada através de que pudessem mover-se, como parece que eles se movem. (CHer. 38-40; DL, X, p. 291-292)

De acordo com o primeiro desses princípios, nada nasce de nada; o que significa que a existência do devir não é paradoxal em si, e que ele é efetivamente uma propriedade do ser e não do não ser. Segundo os termos da ontologia parmenidiana, é impossível considerar o devir como racional, pois ele implicaria um reviramento desregrado do ser no não ser e do não ser no ser. Mas o atomismo remove essa dificuldade ao afirmar que o devir é uma passagem do ser para o ser.

O segundo princípio modifica ligeiramente o próprio conceito de ser, na medida em que o identifica com o todo, o universo. Esse deslocamento é importante, porque permite resolver uma segunda dificuldade levantada por

Parmênides: a necessidade de considerar o ser como estritamente idêntico a si mesmo. O ser não é suscetível de mudança — caso contrário, ele se torna não ser e deixa de ser. O atomismo conserva essa identidade absoluta do ser, mas enquanto o ser é em si mesmo o todo. É enquanto totalidade do que é que o ser permanece idêntico a si mesmo; a identidade em questão poderá, assim, ser pensada como identidade quantitativa (nada pode sair do todo, nada pode ser acrescentado a ele) e não qualitativa, o que deixa aberta a possibilidade de um devir aplicado aos seres particulares que constituem o todo.

O terceiro princípio corresponde à última modificação introduzida por Epicuro no conceito de ser. Tendo procedido à sua identificação com o todo, ele enumera, no cerne desse todo, as duas realidades que, acrescentadas uma à outra, constituem o ser, a saber: os corpos e o vazio. A existência de cada uma dessas realidades impõe-se à mente como um princípio; os corpos são conhecidos, de maneira direta e evidente, pela sensação, enquanto o vazio é aquilo sem o qual não existiriam as propriedades mais evidentes dos corpos.

Essa irrupção da sensação no interior de tal explanação metafísica é absolutamente notável; com efeito, ela constitui o primeiro obstáculo, considerável, entre Epicuro e Demócrito. A sensação é, com efeito, utilizada por Epicuro como apoio epistemológico da ontologia que ele está em vias de desenvolver. A natureza do ser, tal como a concebemos, é-nos indicada, em primeira instância, pela sensação — e nada daquilo que é o ser pode entrar em contradição com o que aparece a nós; caso contrário seríamos incapazes de compreendê-lo corretamente.

Há, portanto, para Epicuro, uma continuidade real e uma igualdade de estatuto entre o nível ontológico e o nível fenomenal; ora, esse não é, de modo algum, o caso em Demócrito, como mostraremos de maneira muito mais detalhada no próximo capítulo. Com efeito, esse filósofo permanece fiel à distinção tradicional, estabelecida desde os primeiros fisiólogos, entre o nível do ser e o nível da natureza, tal como ela aparece a nós:

> Segundo Demócrito, "o doce, o amargo, o quente, o frio, a cor, tudo isso não passa de convenção; na realidade, há apenas os átomos e o vazio". Isso significa que é somente por convenção que as qualidades sensíveis são consideradas como realidades, mas na verdade elas não o são, e nada existe além dos átomos e do vazio.[3]

Se, para Demócrito, é bem possível estabelecer um discurso racional sobre a natureza, esse discurso permanece dedicado às realidades inteligíveis, ou seja, os átomos e o vazio, que são insensíveis. A própria matéria, utilizada como uma resposta ao eleatismo, continua sendo uma realidade de ordem conceitual — o que abre o caminho, de maneira bastante contraditória, a uma postura intelectual muito próxima do ceticismo, como é demonstrado perfeitamente pela sequência do testemunho de Sexto Empírico que começamos a citar mais acima:

> E em suas *Confirmações*, apesar de sua tentativa de utilizar os sentidos para controlar a crença, ele não deixa de condená-las. Com efeito, ele afirma: "Na realidade, nada sabemos com certeza, mas nosso saber modifica-se em função das condições do corpo, daquilo que o penetra e o atinge."

O uso metafísico praticado por Epicuro a respeito da sensação é, portanto, prenhe de consequências, já que ele

---

3. Sexto Empírico, *Adversus Mathematicos* VII, 135.

pressupõe, por um lado, a recusa da distinção entre o nível inteligível e o nível sensível e, por outro, a vontade de propor uma física resolutamente dogmática.

O ponto de vista físico: os corpos e o vazio

As três proposições que acabamos de evocar (nada nasce de nada; o todo é idêntico a si mesmo; o todo é constituído por corpos e vazio) são os princípios epistemológicos da física epicurista, e da correta compreensão deles depende a própria possibilidade de um discurso racional relativo à física. No cerne da natureza, porém, enquanto ela constitui uma totalidade ontologicamente homogênea e cognoscível, os princípios reais de todas as coisas são os corpos e o vazio.

Esses dois princípios são estritamente contraditórios; em sua extensão, abarcam a totalidade do que é. Eles são determinados, em primeiro lugar, pela relação com o atributo essencial da matéria, que é a tangibilidade. O corpo é assim definido como tangível, enquanto o vazio é aquilo que não tem nenhuma forma de tangibilidade. O corpo possui, à semelhança de qualquer outra propriedade fundamental, a faculdade de ser afetado passivamente ou agir; o vazio, por sua vez, não é afetado nem pode agir.

Pelo fato de que esses princípios abarcam tudo o que é, resultam daí estas duas consequências importantes:

- o termo corpo (*soma*) designará tanto os componentes (elementos, *stoicheioi*) ou corpos primeiros, que são os átomos, quanto os compostos formados a partir desses átomos;

- por sua vez, o vazio corresponde ao espaço não ocupado situado entre cada corpo e, ao mesmo tempo, ao lugar ocupado por um corpo.

Essas consequências engendram, além de certo número de dificuldades de leitura (visto que o mesmo termo pode designar coisas bastante diferentes), paradoxos físicos interessantes.

Se considerarmos o vazio, convém começar observando que o laxismo semântico de Epicuro não nos ajuda a captar uma noção que se revela complexa. Se o vazio é intangível, e se é totalmente contrário ao corpo, como será possível pressupor que se trate, ao mesmo tempo, de uma "realidade"? E como estabelecer a sua existência se há realmente continuidade entre o nível ontológico e o nível fenomenal? A existência do corpo é resultado de uma constatação, enquanto a do vazio deve ser deduzida.

Voltemos ao trecho da *Carta a Heródoto* em que o todo é definido como a soma dos corpos com o vazio (CHer. 39; DL, X, p. 292). Tivemos a oportunidade de observar que, nesse texto, Epicuro infere a existência do vazio a partir da existência do corpo, como se fosse a sua contradição necessária e a sua condição de possibilidade; isso ocorre apenas no caso em que um corpo é essencialmente tangível. A tangibilidade pressupõe, de fato, a extensão e, portanto, um espaço que dá corpo a essa extensão. A realidade, tal como a percebemos, é assim reduzida àquilo que é extenso e, consequentemente, àquilo que "dá lugar", em sentido próprio, a essa extensão. Epicuro indica então que o corpo e o vazio são princípios reais não só necessários, como suficientes: "Fora dessas naturezas, nada se pode pensar."

Não existe nenhuma terceira substância, nenhum incorpóreo que não seja o vazio, nenhum corpo intangível. Essa constatação apoia-se não somente na sensação, que não nos mostra nada disso, mas também em formas derivadas da sensação — a imaginação ou o raciocínio por analogia. Uma terceira substância é inconcebível por não corresponder a algo que possa ser experimentado por nós, inclusive em imaginação.

A demonstração racional dos dois princípios físicos

A estrutura lógica do argumento é totalmente específica, mas a escrita elíptica de Epicuro não facilita a sua apresentação de forma detalhada. Existe outra formulação dessa lógica, mais técnica — no livro *Sobre a inferência por signos*, do epicurista Filodemo de Gadara —, elaborada em dois tempos: em primeiro lugar, por uma evocação do que *poderia ser* o raciocínio de Epicuro; e, em seguida, por uma explicação do que ele é realmente. Eis, para começar, o que ele poderia ser:

> Com efeito, ao admitir que "se o primeiro, então o segundo" é verdadeiro sempre que "se não o segundo, então não o primeiro" é verdadeiro, não se segue daí que, por si só, o Método de Eliminação seja restritivo. De fato, "se não o segundo, então não o primeiro" torna-se, às vezes, verdadeiro na medida em que, quando o segundo é eliminado por hipótese, por sua própria eliminação o primeiro é igualmente eliminado — como no caso de "se o movimento existe, então o vazio existe" —, visto que, quando o vazio é eliminado por hipótese, por sua simples e pura eliminação o movimento é também eliminado, de modo que um exemplo desse gênero concorda com o modo de eliminação.[4]

Eis, em seguida, o que ele é realmente:

> No entanto, até mesmo nesse caso, é o fato de que todas as amostras encontradas por nós possuem esse caráter na qualidade de concomitante que efetua a tarefa

---

4. Filodemo, *Sur l'Inférence par signes*, 11, 32-12, 31 (trad. Long & Sedley). [A. Long e D. Sedley, *Les Philosophies hellénistiques*, t. 1 (*Pyrrhon. L'Epicurisme*), Paris, Flammarion, 1987. (N.T.)]

da confirmação; com efeito, a partir do fato de que todos os objetos que se movem perto de nós, sem deixarem de apresentar toda espécie de diferença, têm em comum a característica de se mover através de espaços vazios, é que chegamos à conclusão de que acontece o mesmo sem exceção, inclusive no domínio das coisas imperceptíveis.[5]

A primeira versão do argumento utiliza um método formal de inferência chamado "por eliminação", que parece ter sido um antepassado do *modus tollens*.[6] A diferença em relação à segunda versão — que, por sua vez, utiliza o método chamado "por semelhança" ou "por analogia" — apoia-se na ausência de formalismo e na vontade de fundamentar a inferência em uma base empírica. Acontece que, no caso do vazio, uma inferência empírica direta é inviável, uma vez que o vazio em si é inobservável. Isso não é uma razão para renunciar ao apoio da sensação, que é o único válido, além de ser incontornável, salvo para pôr em risco a continuidade ontológica entre os princípios e os fenômenos. Vamos, portanto, apoiar-nos no movimento, o qual é, por sua vez, observável, para voltar ao vazio.

Esse método por semelhança, cuja análise será retomada nos próximos capítulos, baseia-se em analogias constatadas; para designar esse tipo de raciocínio, fala-se também de *epilogismos*, ou seja, de uma construção lógica efetuada pelo viés de observações repetidas de analogias. É possível, portanto, formalizar assim o argumento utilizado por Epicuro: se x (um movimento) foi visto em concomitância com F (um espaço livre, "vazio") e se y (outro movimento)

---

5. Trata-se de um excerto de um argumento muito longo. Cf. Filodemo, ibidem, 34, 29-36, 17.
6. *Modus [tollendo] tollens* (modo que nega por negação): nome formal para a prova indireta ou para as demonstrações por contraposição que funcionam por negação do consequente de uma implicação.

também, então há um vínculo essencial entre x e y (todos os movimentos efetuam-se em espaços livres).

Os epicuristas nunca utilizam apenas o método por eliminação; tentam sempre completá-lo com uma analogia empírica, servindo-se do método por semelhança. Assim, no caso do vazio, a eliminação funciona unicamente *do ponto de vista psicológico* porque, no nível dos fenômenos, foi sempre observado que um movimento se efetua em um espaço livre; mas não há verdadeiro vazio no nível macroscópico. É por analogia que se vai desse vazio metafórico até o vazio primordial, que é a condição de possibilidade de qualquer movimento. A própria analogia, então, só é possível porque o vazio e o lugar não passam de uma e mesma coisa.

Em Lucrécio, encontra-se uma versão desenvolvida da mesma sequência argumentativa: ao utilizar também a relação entre o vazio, o lugar e o movimento, ele propõe uma resposta bastante precisa para a hipótese do *antiperistasis* ("substituição recíproca") do filósofo Empédocles de Agrigento (490?-435? a.C.), hipótese, aliás, retomada por Aristóteles. Sabe-se que, para o estagirita, o vazio é impensável na natureza; por isso, Aristóteles vê-se obrigado, na *Física*, a eliminar com cuidado qualquer possibilidade de explicar o movimento pelo vazio — objeto, entre outros, de uma parte do livro IV. Entre os argumentos desenvolvidos, o da *antiperistasis* é particularmente perigoso para os atomistas, por parecer compatível com uma ontologia materialista, além de utilizar a proximidade conceitual do vazio e do lugar:

> As ondas cedem, dizem eles, sob o impulso dos peixes
> e abrem-lhes caminhos líquidos, de modo que a espécie escamosa
> deixa atrás de si espaços aonde as águas podem confluir.
> As outras coisas possuiriam o mesmo movimento:

elas mudariam, umas por entre as outras, de lugar,
embora tudo estivesse cheio.
Ora, tudo isso assenta em um raciocínio falso.
De fato, como poderiam os peixes mover-se,
se as ondas não lhes cedessem espaço?
E como poderiam refluir as ondas,
se os peixes não pudessem mexer-se?
Por conseguinte, ou todos os corpos são privados de movimento
ou tem de se admitir que há vazio no universo,
condição primeira do movimento das coisas. (DRN, I, 372-383)

A explicação pela *antiperistasis* pressupõe uma mudança de lugar recíproca e simultânea dos elementos materiais em movimento; Aristóteles vai utilizá-la após ter diferenciado cuidadosamente as noções de vazio e de espaço. Se o vazio não existe na natureza, o lugar, por sua vez — espaço ocupado pelas coisas (portanto, por definição, nunca "vazio") —, é uma realidade. Vê-se perfeitamente como a resposta de Lucrécio pressupõe, pelo contrário, manter a ambiguidade lexical: pelo fato de que o espaço ocupado deve também ter a possibilidade de ser pensado como inocupado; e pelo fato de ser — no mínimo potencialmente — vazio é que ele pode desempenhar a sua função de espaço e dar corpo à extensão das coisas.

É essencial que o espaço possa estar vazio; com efeito, é somente sob essa condição que ele será neutro, absolutamente não qualificado — portanto, sem nenhuma influência sobre os movimentos que ele tornará possíveis. De fato, a física aristotélica é, pelo contrário, uma física dos lugares qualificados, na qual o espaço intervém diretamente sobre a estrutura dos fenômenos; ora, como ficará demonstrado pelo presente estudo do átomo, tal concepção das coisas é impossível na física de Epicuro.

Características do átomo epicurista

A primeira característica dos átomos é a de serem inseparáveis, impossíveis de dividir.

> Esses elementos são os átomos indivisíveis e imutáveis, se é verdade que nem todas as coisas estão destinadas a perecer e resolver-se no não ser; com efeito, eles são dotados da força necessária para permanecer intactos e para resistir, enquanto os compostos se dissolvem, pois são impenetráveis por sua própria natureza e não estão sujeitos a uma eventual dissolução. Consequentemente, os princípios das coisas são indivisíveis e de natureza corpórea. (CHer. 41; DL, X, p. 292)

Essa solidez é a aplicação material de uma regra metafísica enunciada por Aristóteles: a impossibilidade da regressão ao infinito. "Chega um ponto em que se tem de parar"[7]: deve existir um elemento suscetível de desempenhar o papel de princípio. O átomo, enquanto princípio de engendramento e de conservação de tudo, é primordial nesse sentido; não é possível ir acima dele, nem reduzi-lo a algo menor do que ele. O problema surge então de sua própria materialidade e da maneira como esta é concebida por Epicuro.

Enquanto corpo, o átomo é extensão, ocupa um espaço — embora esse espaço seja uma unidade absoluta, o menor espaço possível. Mas como conceber uma extensão que, em si mesma, não seja divisível — uma extensão sem partes? Essa dificuldade dita das "partes mínimas" do átomo é considerável — entre outros aspectos, pelo fato de ser difícil interpretar os textos que a abordam; ela é evocada tanto

---

7. Regra enunciada, por exemplo, na *Metafísica*, 3, 1070a 4, ou na *Física*, VIII, 5, 256a.

por Epicuro nos parágrafos 56 a 58 da *Carta a Heródoto* quanto por Lucrécio no canto I de *De Rerum Natura*.

Os átomos têm realmente partes, mínimo teórico que corresponde por analogia ao "mínimo sensível" que se pode perceber no nível macroscópico. Do mesmo modo que é impossível percorrer indefinidamente a superfície de um corpo sensível, cujo limite de sua extensão é percebido com clareza — a menor parte possível, o ponto ínfimo além do qual deixa de haver extensão, que é como que uma extensão condensada ao extremo e percorrida em uma duração quase instantânea —, também é impossível percorrer indefinidamente pelo olhar da mente a extensão do átomo, mas a pessoa é obrigada a dividir essa extensão em "partes mínimas" além das quais já não há átomo, mas o vazio que o envolve.

A indivisibilidade torna os átomos eternos ou, antes, "incorruptíveis" (*aphtarta*), ao passo que os compostos, por serem "atravessados pelo vazio", não possuem tal característica. Os átomos são, portanto, causa primeira de todas as coisas, no sentido de que estão na origem de tudo o que é na natureza, "sementes de todas as coisas". O seu número é ilimitado — o que é uma consequência direta do princípio segundo o qual o ser é o todo. Se o todo obedece a seu conceito, ele é necessariamente sem limite — caso contrário, seria preciso vislumbrar que algo possa ser encontrado além desse limite; ora, nessa eventualidade, o todo deixaria de ser o todo.

> Mais ainda: o todo é infinito. Com efeito, o que é limitado tem uma extremidade; esta, porém, se vê somente em confronto com outra coisa. Ora, o todo não se vê em confronto com outra coisa de modo que, não tendo extremidade, ele não tem limite; e, por não ter limite, deve ser infinito e ilimitado. (CHer. 41; DL, X, p. 292)

Ora, se o todo é infinito, e se ele é corpos e vazio, deve-se obrigatoriamente afirmar que não só o vazio é infinitamente extenso, mas também os átomos são, portanto, em número ilimitado:

> Se o vazio fosse infinito, enquanto os corpos seriam finitos, estes não permaneceriam em parte alguma e mover-se-iam continuamente, dispersos no vazio infinito, nem teriam um suporte, nem um impacto para a volta ascendente; se, por outro lado, o vazio fosse finito, os corpos em número ilimitado não teriam espaço para tomar o seu lugar. (CHer. 42; ibidem)

Encontramos aqui a formulação de um princípio importante da física epicurista: o princípio de *isonomia*. É conhecida a *isonomia* política, regra fundadora da democracia ateniense, que instaura a igualdade dos cidadãos diante das leis da *cité*, mas ignora-se frequentemente que a isonomia é, em primeiro lugar, um conceito geométrico, segundo o qual o espaço é equivalente em todos os seus pontos. Por conseguinte, a isonomia política ateniense, que é a sua aplicação concreta, apoia-se na vontade de distribuir de forma equitativa os direitos e os deveres no interior da população de Atenas.

Conceito forjado por Clístenes[8], ele passa por uma divisão territorial de Atenas em tribos e *dêmos*, aos quais são redistribuídos, de maneira igualitária, os poderes e as responsabilidades antigamente detidos pela aristocracia. Por extensão, falaremos de princípio de isonomia em todos os casos em que seja possível observar tal repartição igualitária. O espaço físico epicurista tem essa característica, já que, em cada um de seus pontos, é possível observar uma

---

8. Político grego do século VI a.C., foi um dos fundadores da democracia ateniense, entre 507 e 501 a.C.

divisão semelhante de vazio e de átomos, penhor de uma aplicação igualitária das leis da natureza.

Finalmente, os átomos têm determinadas qualidades: forma, peso e grandeza. O seu peso é a condição de possibilidade de seu movimento — e, por conseguinte, de sua capacidade para engendrar compostos. Com efeito, é a colisão entre os átomos que pode eventualmente, no caso em que eles sejam compatíveis, produzir a sua agregação sob a forma de um composto, que, se for suficientemente estável, poderá em seguida dar lugar a um "mundo".

No vazio, os átomos estão submetidos à própria gravidade e "caem", portanto, de maneira contínua, na mesma velocidade e direção. No interior dos compostos, eles permanecem em movimento — com efeito, até mesmo o mais denso dos compostos contém algo vazio; ora, o movimento dos átomos é incessante porque, no vazio, eles não podem deixar de estar submetidos a seu peso. No interior do composto, porém, os átomos deixam de cair na vertical; o seu emaranhamento transforma essa queda em "vibração" perpétua.

As formas atômicas, por sua vez, são extremamente variadas, mas passíveis de contagem numérica. Por que limitar assim o número de formas atômicas possíveis? Sem dúvida, para não chegar ao paradoxo de átomos "visíveis" em função de uma extensão muito grande (paradoxo que havia sido superado por Demócrito em virtude da aplicação estrita de um princípio de indiferença segundo o qual deixa de haver razão para que o átomo tenha essa forma, em vez de outra). Se as amolgadelas e irregularidades de forma dos átomos são postuladas como necessárias para admitir as diferentes possibilidades de arranjos atômicos, por outro lado tais variações de forma não devem implicar a aceitação de átomos tão grandes quanto um mundo — ou, sem chegar até lá, átomos grandes o suficiente para poderem ser diretamente percebidos pelos sentidos.

Fora desses três atributos — forma, peso, tamanho —, os átomos não têm nenhuma outra qualificação, estando destituídos de odor, cor ou sabor. As qualidades sensíveis percebidas por nós são o resultado da disposição recíproca dos mesmos, tal como ela afeta os órgãos pelos quais obtemos essa sensação.

Cada característica enumerada mais acima nos obriga, para pensar corretamente o átomo, a utilizar as noções de infinito e, ao mesmo tempo, de limite. O conjunto dos átomos é tudo, ele constitui o todo, mas nem tudo é (há limites para o que os átomos podem produzir). Nem tudo é observado, tampouco concebível; o todo é limitado. "A própria natureza" fixou uma barreira, ou um limite, para as coisas; a natureza é uma realidade ordenada, e não um esboço anárquico.

Essa ordem é o produto daquilo que Lucrécio designa, em latim, como *foedera naturalia*, os "pactos da natureza": espécie de leis imanentes que dão coerência às combinações atômicas, ao fixar, por tentativas e erros, limites ao que pode ser. Esses *foedera* instituem, em particular, as leis da geração, que impedem a viabilidade de monstros e limitam o que sobrevive ao que é viável, ou seja, conforme às regularidades observáveis na natureza. Esses pactos são imanentes, o que significa que nenhuma teleologia está em ação no universo, a qual, oriunda do exterior, viria organizar a matéria segundo um plano preestabelecido ou um princípio de soberania transcendente. Enfim, o princípio de isonomia garante uma distribuição igualitária dessas regularidades no âmago do universo. A potência causal do átomo, enquanto princípio, é exercida em todos os pontos da mesma maneira.

Todos esses elementos, que estabelecem uma distinção bastante clara entre o universo epicurista e o mundo aristotélico, parecem avançar no sentido de um todo de grande estabilidade. No entanto, a causalidade é necessariamente diversa se ela deve explicar uma natureza, por sua vez, absolutamente diversificada e instável. E, sobretudo, de que serviria remover do universo a Providência (com efeito, é esse precisamente o assunto abordado aqui) para substituí-la pelo espectro imutável da Necessidade? Nesse quadro do mundo, falta um elemento fecundo, mas perturbador: o *clinâmen*.

3.2. O clinâmen e a questão da liberdade

Sobre a questão da "declinação" ou *clinâmen* (equivalente latino do grego *parenclisis*), Lucrécio é a única fonte verdadeiramente completa. A declinação não é citada nas cartas transmitidas por Diógenes Laércio; quanto aos fragmentos recuperados de alguns trechos do *Peri Physeos*, a respectiva interpretação continua sendo bastante delicada devido à extrema deterioração dos textos.[9]

No canto II de *De Rerum Natura*, afirma-se que os átomos desviam-se "um pouco" (*paulum*) de sua trajetória e, em seguida, "inclinam-se um pouco, mas somente um pouco" (*paulum... nec plus quam minimum*)[10]:

> Ainda uma vez, é necessário que os átomos
> se inclinem um pouco, mas somente um pouco;

---

9. Sobre essa questão, cf. D. Sedley, *Lucretius and the Transformation of Greek Wisdom*, Cambridge, Cambridge University Press, 1998, p. 147 e 126-127. Maurice Pope sugeriu que qualquer interpretação sobre as possíveis funções do *clinâmen* só deveria ser considerada como pura hipótese, tendo em conta o fato da ausência quase total de textos sobre esse tema. Assim, a única significação de *clinâmen* deveria ser de ordem metafísica: "A declinação de Epicuro é uma espécie de clone do primeiro motor aristotélico." Cf. M. Pope, "Epicureanism and the Atomic Swerve", *Symbolae Osloenses*, n. 61, 1986, p. 77-97.
10. DRN, II, 216-250; cf. também De Nat. Deor., XXIV, 68, p. 38.

assim, não vai parecer que inventamos movimentos oblíquos desmentidos pela realidade. (DRN, II, 243-245)

Esse desvio intervém para explicar a possibilidade para os átomos, arrastados pelo seu peso em uma queda vertical, de se reencontrarem e esbarrarem uns nos outros — e, portanto, potencialmente se aglomerarem e constituírem corpos compostos viáveis. Para Lucrécio, o *clinâmen*, ou declinação, será um desvio mínimo, o menor possível, do átomo quanto à sua trajetória inicial. Em vez de ser pensada como um afastamento de natureza angular em relação a essa trajetória (o que seria justamente um "movimento oblíquo"), tal declinação do átomo deve ser compreendida de maneira descontínua, como o deslocamento de um ponto a outro no interior de um espaço, por sua vez, descontínuo, granular — e não como simples translação, por exemplo, em um reduto ortonormalizado.

O *clinâmen* é uma inovação de Epicuro em relação a Demócrito, que considerava o movimento atômico de maneira muito diferente do que aquele que se pode observar no atomismo epicurista. Para Demócrito, os átomos não caem verticalmente, mas são levados por um "turbilhão" em todos os sentidos por serem destituídos de peso; não há, portanto, necessidade de postular nenhum desvio a fim de explicar as colisões. Para esse filósofo, não sendo arrastados pelo seu peso no vazio, os átomos em si mesmos são o seu princípio de movimento — o que Demócrito designa, de maneira um tanto estranha, como o seu "ritmo" (DK 67 A 6).

No entanto, a invenção do *clinâmen* vai muito além de uma simples adaptação da física democrítica; trata-se, com efeito, do aspecto pelo qual Epicuro vai distinguir-se, talvez, de maneira mais nítida de seu modelo e alterar o sentido do atomismo.

Epicuro e a questão da necessidade física

Ao adotar a física democrítica, Epicuro torna-se, de fato, o herdeiro de uma concepção do universo que pode ser qualificada — anacronicamente — como mecanicista: há apenas corpos, uns simples, enquanto outros são compostos, e estes últimos têm vocação para se pulverizar porque provêm de uma multiplicidade irredutível. A ênfase dada pelos epicuristas à importância da disposição, ênfase oriunda do próprio Demócrito (DK 68 A 6, 9, 14), deve ser compreendida como uma maneira de pensar a unidade dessa multiplicidade: para que um conjunto de elementos possa constituir uma unidade funcional, é necessário que haja um princípio que permita pensar essa unidade.

Na medida em que o atomismo democrítico, herdado por Epicuro, escolhe elementos não qualificados — ou, de forma mais precisa, minimamente qualificados —, esse princípio não poderá residir na natureza dos elementos em questão, mas na organização de uns em relação aos outros. Por conseguinte, o que diferencia essencialmente os elementos entre eles é também o que permite pensar a diferença entre os compostos constituídos por esses elementos. A disposição acaba sendo, ao mesmo tempo, princípio de distinção e princípio de síntese, princípio de separação dos elementos entre si e de definição — ou determinação — dos compostos que constituem esses elementos. No epicurismo, esse poder unificador da organização encontra-se, para além do nível metafísico, em todos os estágios de composição, seja o das criaturas vivas, seja o da linguagem:

> Nos nossos versos, têm igual importância
> a ordem dos caracteres e as suas combinações.
> Efetivamente, além de céu, mar, terra, rios, sol,
> eles designam as árvores, as colheitas, os animais.

Se nem todos são iguais, a maior parte é muito
semelhante,
mas o sentido deles difere devido à respectiva posição.
Eis o que ocorre, portanto, com os corpos da matéria:
do mesmo modo que há mudança de seus intervalos,
trajetos, ligações, pesos, choques, encontros,
movimentos, ordem, posição e formas, também as
coisas devem mudar. (DRN, II, 1013-1022)

Ora, essa organização em si mesma não pode ser compreendida como outra coisa além de um arranjo de engrenagens; com efeito, a sua única motivação é o seu próprio funcionamento, o que equivale a dizer que se trata aí de um mecanismo, ou seja, de uma maneira de compreender o funcionamento dos compostos que escapa a qualquer modelo de explicação teleológica. A *Carta a Pítocles*, de Epicuro, pode ser lida como uma série de teses argumentativas que invalidam a ideia de uma providência que se exerce nos movimentos do céu e na estrutura do universo; nesse texto, o seu autor propõe uma descrição dos *meteora* como se estivessem dependentes de uma mecânica celeste sem teleologia — de um relógio sem relojoeiro. O mesmo cuidado em remover qualquer finalismo será encontrado exatamente na análise dos mecanismos observáveis no ser humano, o que se pode ler, por exemplo, em Lucrécio. Ao descrever as diferentes funções corporais, este polemiza de forma acalorada contra as causas finais, no canto IV de *De Rerum Natura*:

Qualquer explicação desse gênero é algo contrário
à lógica, invertendo as relações no raciocínio;
com efeito, nada há no corpo que seja formado para
nosso uso,

mas, ao formar-se um órgão, ele cria o uso. (DRN, IV, 832-835)

O vocabulário utilizado por Lucrécio para descrever essa "formação" dos órgãos é o do nascimento: há geração de órgãos, e não invenção por uma divindade benevolente, por uma força protetora; e essa geração ocorre de acordo com combinações casuais e espontâneas, em diversos momentos. Lucrécio respalda o seu raciocínio, utilizando um contraexemplo: o das invenções técnicas. O homem dormia perfeitamente antes de inventar as camas, e foi de fato a experiência do sono que o inspirou à invenção da cama, tendo esta sido construída em vista do sono; mas seria totalmente falso conceber, a partir desse modelo, uma hipotética invenção dos órgãos.

Pelo contrário, o verdadeiro modelo de composição da natureza é o do movimento perpétuo e anônimo descrito por Epicuro:

> E a solidez inerente aos átomos determina o impulso na colisão; entretanto, o impulso dos átomos causado pela colisão é limitado pela presença dos átomos aglomerados que os rechaçam para trás. Não há começo para tudo isso visto que os átomos e o vazio existem eternamente. (CHer. 44; DL, X, p. 293)

O esquema que vem, afinal, substituir a providência, nessa natureza atomista, é aquele que se encontra na noção de limite: são os "pactos da natureza" que garantem a coesão dessas colisões, mantendo uma forma de permanência que permite, ao mesmo tempo, a renovação das espécies e, no interior das espécies, a adequação progressiva entre os órgãos e as funções. O órgão só consegue criar a função quando seus possuidores têm tempo — durante várias gerações — de se apropriar dela. Essa garantia dos pactos é exercida, por sua vez, de maneira puramente imanente, ou seja, continua sendo adotado o modelo mecanicista.

No entanto, tal postura suscita algumas dificuldades, na medida em que, apesar de sua prioridade, a posição ocupada pelos vários elementos não é de todo determinante nesse processo. Os átomos não deixam de ter sua qualificação, mesmo que reduzida; Epicuro insiste firmemente sobre esse ponto. Na etiologia epicurista, a variedade dos átomos é duplamente importante:

- ela condiciona a possibilidade de uma natureza diversa; a *varietas* natural não pode provir de princípios uniformes, mas corresponde a uma diversidade no âmago dos próprios princípios (DRN, II, 342-350); e

- ela permite distinguir as produções naturais, todas diferentes, dos artefatos que se caracterizam pela sua monotonia, devido ao fato de sua natureza de cópia; a natureza é a única que possui um verdadeiro poder causal; por isso mesmo, os seres engendrados pelo artifício e pela técnica obedecem a um processo que já não é uma verdadeira causalidade, mas um processo de imitação; e o que define a imitação é a repetição do mesmo (DRN, II, 377-380).

Na realidade, os átomos estão privados unicamente das qualidades sensíveis. No entanto, se a disposição atômica vier a desempenhar de fato o papel etiológico que lhe é atribuído, é por se tratar, não se limitando a ser uma simples justaposição indiferente de elementos idênticos, de uma associação organizada de elementos diversificados — associação que obedece a regras complexas de acordo e desacordo. Assim, ao "nada nasce de nada" é de imediato acrescentado por Lucrécio o "qualquer coisa não nasce de qualquer coisa". Se qualquer ser é explicável em termos de composição de átomos elementares, essa explicação também deve levar em conta a observação cotidiana da natureza, que, a essa composição atômica aparentemente anárquica, sobrepõe a necessária apropriação do ser assim constituído ao mundo em que ele evolui — apropriação que se constitui de acordo com um processo temporalmente situado (DRN, V, 907-959).

Se, portanto, os seres são constituídos em primeiro lugar ao acaso, por outro lado — uma vez que aparece um mundo, ou seja, uma totalidade estável que adquire certa autonomia — novas regras de constituição são implementadas, as quais determinam a adaptação ou a inadaptação dos indivíduos que nascem; e essas características de adaptação e de inadaptação conservam-se progressivamente pela implantação de um novo processo causal natural que é o da geração. A geração e a composição não são, portanto, contraditórias.

Outra razão impede a redução da etiologia epicurista a um mecanismo no sentido estrito: justamente o recuo efetuado de forma explícita pelo próprio Epicuro em relação a pressupostos do modelo democrítico. Segundo parece, Epicuro levou em conta, a esse respeito, críticas formuladas por Aristóteles contra a física de Demócrito, o qual atribui o termo "causa" apenas à *causa motriz* — o movimento dos átomos no vazio. Por um mecanismo dialético divertido, esse destaque do acaso acaba, finalmente, por sistematizar a necessidade como regra de funcionamento do universo. Nada há além de movimentos de átomos no vazio, que não obedecem a nenhuma regra predeterminada; mas essa ausência de regra leva o nome de necessidade; tudo advém segundo uma razão que lhe é anterior e pode ser determinada — ao estabelecer que a razão das coisas é a combinação atômica que as engendra. Assim, é sempre possível remontar ao ponto de onde provém o objeto que é levado em consideração; e essa proveniência vai determinar realmente se o ser é este ou aquele.

O desafio da física de Epicuro consiste em conservar o acaso e a regularidade espontânea daí resultante, removendo a providência e, ao mesmo tempo, a necessidade: se não há regra predeterminada para explicar o curso harmonioso da natureza, também não há mecanismo necessário para retirar todo o significado da livre determinação.

A crítica epicurista do determinismo e o estatuto da vontade livre

Graças ao *clinâmen*, Epicuro procura, portanto, atenuar na natureza a influência de uma potência privilegiada por Demócrito, a *anagkê*, que poderia abrir caminho a determinadas ambiguidades. Se Demócrito pressupõe que a necessidade preside a formação dos mundos, é aparentemente devido ao fato de um *mecanismo* levado a seu limite extremo. Se as disposições atômicas são as únicas que podem explicar fenômenos observáveis, sem nenhuma outra intervenção determinante no processo, então certo tipo de disposição engendrará automaticamente certo tipo de entidade. Segundo parece, Epicuro pressente um perigo nesse modelo: com efeito, não seríamos, então, tentados a hipostasiar a dita necessidade e a transformá-la de potência cega e automática em uma instância sempre cega, mas orientada de maneira a privilegiar este ou aquele tipo de combinação? O determinismo democrítico não passa, para o epicurismo, de uma nova cilada da teleologia.

Dispomos de raros textos de Epicuro que procedem a uma crítica construída do determinismo democrítico. O trecho mais frequentemente citado e comentado encontra-se nesta *Sentença vaticana*:

> Aquele que afirma que tudo ocorre por necessidade nada tem a objetar àquele que afirma que nem tudo

ocorre por necessidade, uma vez que ele diz que também isso ocorre por necessidade. (SV 40)

Esse fragmento indica explicitamente o que serve de fundamento a essa hostilidade de Epicuro — a saber, a dificuldade, para um determinista, de explicar um acontecimento natural inexplicável em termos de necessidade e que é o movimento da iniciativa pessoal, aquele mesmo que leva o determinista a adotar as suas teses e a apropriar-se delas. Se Demócrito está errado, na visão de Epicuro, é porque a sua etiologia não leva em conta, pelo menos, um tipo de movimento que não pode absolutamente ser explicado pela concepção mecanicista da causalidade; esse movimento é descrito como o da iniciativa pessoal, cuja explicação só pode ser obtida mediante o *clinâmen*, ou seja, por outro movimento que não pode ter melhor definição do que pela ideia de contraposição.

A expressão da vontade é, com efeito, apresentada na maior parte do tempo no epicurismo como uma ação contrária que, às vezes, trava o movimento regular da máquina. A mente funciona segundo uma série de impulsos gerados por colisões que provêm de fontes diversas. Pode acontecer que dois impulsos contrários ocorram simultaneamente, quando, por exemplo, sou levado a acreditar em algo que se opõe ao que é proposto por minhas sensações:

> Embora uma força externa, muitas vezes,
> obrigue-nos a avançar contra a nossa vontade, deslumbrando-nos
> a ponto de procedermos com precipitação, algo todavia em nosso íntimo tem o poder de combater e resistir.
> (DRN, II, 277-280)

Lucrécio justifica essa força contrária mediante o *clinâmen*, desvio indeterminado que torna possível um movimento contrário ao movimento "natural", mas esse poder de autodeterminação permanece bastante enigmático: será que ele se aplica a todos os seres da natureza ou unicamente ao ser humano? Como explaná-lo com precisão e avaliar o seu efeito no interior do mecanismo geral? Sobre essas perguntas, e outras atinentes a esse assunto, os textos à nossa disposição permanecem bastante lacônicos.[11] A única certeza é que Epicuro pretendeu explicar esse tipo de causalidade. E, à semelhança de Aristóteles, procurou torná-lo um objeto de sua física; além disso, ele considerou que o discurso sobre a natureza deve ser capaz de justificar as intenções — o que a etiologia democrítica é incapaz de fazer. A difficuldade própria à física de Epicuro vem do fato de que, ao mesmo tempo, ele evitou proceder à maneira de Aristóteles, ou seja, introduzindo a finalidade na natureza.

Como Aristóteles apresenta a *causa final*? Como uma das maneiras possíveis de responder à pergunta: "Por quê?" Se uma mãe pergunta ao filho: "Por que o vaso está quebrado?", e se ele responde enunciando o princípio da queda dos corpos, pode-se dizer que o filho não respondeu à pergunta formulada; e não terá dado uma resposta porque a pergunta não procurava atribuir ao acontecimento uma causa motriz, e sim uma causa final — um móbil ou um agente. "Por que o vaso está quebrado?" significa, de fato: quem quebrou esse vaso, e por qual motivo? Essa pergunta merece uma resposta do mesmo modo que aquela relativa à causa motriz do acontecimento. Em alguns domínios da existência, esse tipo de resposta é, inclusive, muito

---

11. Em particular, continua sem resposta a questão de saber se o *clinâmen* ocorre uma só vez, no nível dos movimentos atômicos primordiais, ou se ele se produz continuamente, dirigindo cada movimento voluntário singular.

mais importante e mais frequentemente solicitado que o primeiro.[12]

Ao conectar, porém, o movimento voluntário ao movimento espontâneo do *clinâmen*, Lucrécio parece propor um modelo de explicação bastante semelhante ao de Demócrito, o que nos remete ao problema precedente! Ele reduz, com efeito, a iniciativa do indivíduo não à expressão de uma liberdade compreendida como autodeterminação, mas antes à expressão casual de uma espontaneidade caótica. Haverá, portanto, contradição entre o que as minhas impressões me indicam — EU tomo uma decisão — e o que se passa realmente no âmago do meu ser? Será que a contradição é o sinal de uma incoerência da doutrina epicurista, a qual, em sua pretensão de rejeitar o determinismo democrítico, limita-se a oscilar da necessidade para o acaso? Será que, nesse aspecto, Lucrécio é a testemunha inoperante de um ponto fraco de Epicuro?

Essa incoerência aparente tem a ver, na realidade, com a natureza bastante particular do epicurismo enquanto doutrina constituída. O sistema epicurista possui uma estrutura original que não funciona como uma arborescência, mas que se espalha em círculos concêntricos: há os pontos principais e os esteios desses pontos. As estratégias argumentativas de Epicuro não têm, nesse sentido, nenhuma

---

12. Sobre a importância da *causa final* na física aristotélica e sobre a oposição, a esse respeito, entre epicuristas e aristotélicos, vale consultar o artigo de D. Furley "What Kind of Cause is Aristotle's Final Cause?", in: M. Frede e J. Stricker (eds.), *Rationality in Greek Thought*, Oxford, Oxford University Press, 1996. Em seu texto, Furley sublinha justamente até que ponto a definição aristotélica da "causa final" depende de uma apreensão dos atos voluntários dos seres vivos em termos de intencionalidade; ao contrário do finalismo platônico que se apoia em um cosmos providencialmente organizado por um demiurgo, Aristóteles prefere adotar como paradigma da causa final, em vez da produção técnica, a ação voluntária determinada pelos desejos e pelas crenças nos *zoa* (p. 64-65).

espécie de autonomia: eis o que foi bem observado por Cícero em *Sobre a natureza dos deuses*[13], texto em que ele estigmatiza uma tendência epicurista para a improvisação — o que ele opõe ao grande rigor do sistema estoico, cuja apologia é feita em sua obra *Do sumo bem e do sumo mal*. Mas a utilização desse expediente, ao contrário da opinião manifestada pelo pensador latino, não vem de uma fragilidade na coerência da doutrina, apenas obedece a um plano preciso, organizado segundo duas estratégias bem determinadas:

- salvar o que deve ser salvaguardado; Epicuro hierarquiza as suas teses em função de sua importância em relação à vida feliz; ele distingue, portanto, certo número de teses primordiais que devem ser garantidas a qualquer preço, em termos de coerência geral;

- rechaçar o adversário para o seu "próprio reduto" e colocá-lo em contradição com ele mesmo.

A segunda estratégia é a mais visivelmente utilizada para enfrentar o determinista, incapaz de justificar a própria decisão epistemológica com os seus argumentos. Em relação à primeira, ela subentende a aparente contradição que acabamos de descrever e que parecia invalidar o modelo etiológico da física epicurista. Epicuro concebe realmente a causalidade natural de acordo com o duplo esquema da disposição mecânica e da geração, não por inconsistência lógica, mas para preservar, no cerne de sua física, duas linhas diretrizes que, no seu modo de ver, têm ambas a mesma importância, sem ser convergentes, mas que merecem ser salvaguardadas por razões essencialmente éticas:

---

13. Cf. refutação feita por Cota: ele dá o exemplo do *clinâmen*, tese absurda acrescentada para confirmar outra tese inverossímil (De Nat. Deor., XXV, 69-70, p. 38).

- a antiteleologia, que implica a explicação mecanicista por disposição, em função de determinada composição que advém de maneira espontânea;
- o antideterminismo, que permite salvaguardar a liberdade, deixando um espaço para a ação voluntária.

Essas duas estratégias distintas recorrem, de uma maneira ou de outra, à hipótese do *clinâmen*, seja como movimento aleatório, seja como suporte da intenção. Por outras palavras, Epicuro pede que efetuemos uma delicada ginástica mental e conservemos na mente duas linhas explicativas a fim de nos precaver, ao mesmo tempo, contra a hipótese de uma Providência divina e contra o postulado da Necessidade.

Será que, portanto, o epicurismo propõe, finalmente, a descrição de uma natureza animada por tendências contraditórias? De modo algum. Por outro lado, o duplo postulado no tocante à natureza da causalidade implicará a distinção, no âmago da *physis*, de níveis ontológicos específicos, entre os quais será possível revelar importantes efeitos de patamar. De fato, se as duas exigências — antiteleológica e antideterminista — forem aplicadas no cerne da natureza, tanto no nível dos compostos quanto dos próprios átomos, os dois regimes causais distintos do mecanismo e da geração estão, por sua vez, circunscritos de maneira muito mais firme. O primeiro age sobretudo no nível atômico, enquanto o segundo só pode intervir no nível dos compostos. Isso implica singularmente a etiologia epicurista em sua totalidade.

Com efeito, é possível distinguir agora três tipos de explicação causal, cada um dos quais irá intervir em momentos distintos da doutrina:
- a explicação causal mecanicista, que reduz o ser à combinação atômica que o compõe de maneira casual, segundo um princípio geral determinista; nesse sentido, o átomo é a causa do ser enquanto seu princípio elementar,

segundo o significado previamente estabelecido por esses termos;

- a explicação causal segundo a geração, que se interessa pela transmissão de características de um ser a outro, no nível da natureza compreendida não mais como o conjunto infinito dos átomos, mas como o mundo sensível que conhecemos; o que designaremos como causa será sempre a configuração atômica, mas inserida no âmago de uma natureza organizada de maneira imanente, orientada para a reprodução de determinadas combinações; e

- a explicação causal de todos os fenômenos, aparentados a manifestações de liberdade — ou seja, não de movimentos "espontâneos", o que nos reconduziria ao primeiro modelo, mas de movimentos voluntários; então, intervém o modelo intencional que se dirige apenas aos seres naturais dotados de vontade — os *zoa* — e, entre eles, principalmente, o ser humano.

Assim, a dificuldade não é tanto compreender cada um desses modelos, mas precisamente conceber como não levá-los a entrar em contradição entre si. Desse modo, para voltar ao que, havia pouco, suscitava problema, o *clinâmen* não é um modelo que explica diretamente o movimento voluntário; com efeito, nesse caso, ele seria efetivamente deficitário. O *clinâmen* só intervém no texto de Lucrécio para permitir justamente que circulemos sem contradição do nível atômico para o nível do composto humano; não é porque os átomos declinam que podemos agir em função de nossa intenção e não conforme nossos impulsos; mas o confronto no nível do composto não apresenta problema, pois esse confronto já existe nos outros níveis ontológicos, sem pôr em risco a coerência desses diferentes níveis.

Assim, a defasagem que é sentida quando decido lutar contra a minha natureza não é uma razão que deva ser suficiente para questionar a existência de determinada causalidade mecânica, visto que, no nível dos átomos, o mecanismo determinista induzido pelas disposições coexiste sem dificuldade com um mecanismo caótico anterior, introduzido pela possibilidade do *clinâmen*.

É preciso ter em mente a coexistência desses diferentes níveis e admitir que, em vez de procurar reduzi-los um ao outro, a física de Epicuro é, pelo contrário, um convite a percorrê-los sem cessar e a mantê-los juntos para captar o real em toda a sua complexidade.

3.3. Pluralidade dos mundos, infinitude do universo

O *clinâmen*, que proporciona as colisões atômicas, pode ser considerado, portanto, como a causa mecânica de formação dos agregados de átomos: entre esses agregados, alguns, instáveis e frágeis, hão de desfazer-se muito rapidamente, enquanto outros, mais equilibrados, darão lugar a entidades suscetíveis de perdurar — ou seja, ganhariam, pelo menos, um número de átomos semelhante àquele que elas perdem continuamente. Essas entidades estáveis, à condição de terem suficiente amplitude, hão de constituir mundos:

> Os mundos e qualquer composto finito, acentuadamente semelhantes às coisas que vemos com frequência, nasceram do infinito, e todos esses compostos separaram-se de conglomerados especiais de átomos maiores e menores [...].
> Além disso, devemos considerar que os mundos não têm necessariamente uma forma única e idêntica, mas são diferentes porque uns são esféricos, outros ovais e ainda alguns possuem outras formas; contudo, eles não têm todas as formas possíveis. (CHer. 73-74; DL, X, p. 300)

O que caracteriza o mundo, ou *kosmos*, é o fato de ser uma entidade limitada no interior do ilimitado; um mundo é uma configuração possível de átomos agregados no âmago do todo, que necessariamente abriga vários mundos. Esses diferentes mundos são, por sua vez, em número infinito e de formas diversificadas, mas não infinitas — seguindo uma regra semelhante à das formas atômicas. Todos esses pontos são retomados e detalhados pela *Carta a Pítocles*:

> Um mundo é uma porção circunscrita do universo, compreendendo astros, terra e todas as coisas visíveis, destacado do infinito; tem perímetro redondo, triangular ou de qualquer outra forma, e termina em um limite poroso ou denso, em rotação ou imóvel, cuja dissipação levará à ruina tudo o que está nele. Tudo isso é realmente possível e nada é contraditado por nenhum fenômeno ocorrente neste mundo, no qual é impossível discernir uma extremidade.
>
> Mas há o recurso de apreender que tais mundos são em número ilimitado e, ao mesmo tempo, tal mundo pode também nascer de um mundo ou de um intermundo, que é o nome atribuído por nós ao intervalo entre mundos, em um espaço com muito vazio, e não, como dizem alguns filósofos, em um amplo espaço perfeitamente límpido e vazio. Esse mundo se forma quando certas sementes apropriadas afluem de um mundo ou de um intermundo, ou de vários, e aos poucos crescem e se articulam entre si e passam de um lugar para outro, segundo acontece, e são adequadamente supridas por fontes próprias, até se tornarem maduras e firmemente consolidadas, desde que os alicerces lançados possam suportar a matéria recebida. (CPít. 88-89; DL, X, p. 303-304)

A noção de limite volta a ser central, conferindo aos mundos a sua estrutura — o que define um mundo é o fato de ser uma parte limitada do todo — e a sua estabilidade — exatamente pelo fato de nem tudo ser possível, há mundos que conseguem sobreviver. O termo "porção" indica que se trata realmente de conceber os mundos como massas e, ao mesmo tempo, como bolsões; *kosmos* designa tanto um organismo equilibrado quanto um conjunto de organismos simpaticamente associados por um limite comum. Os "pactos da natureza" hão de encontrar a sua aplicação no cerne desse bolsão, segundo o seu limite específico, condenando à morte os organismos que pretendam sair desse limite.

Os dois textos insistem sobre dois elementos particularmente interessantes: a pluralidade e a diversidade dos mundos. A pluralidade é uma consequência positiva dos princípios do atomismo epicurista. Na medida em que o espaço é um reservatório infinito de matéria e na condição de que seja aplicada a regra de *isonomia*, que fornece as condições de emergência de mundos semelhantes em qualquer ponto do universo, é necessário pressupor que existem outras porções no interior do todo, outros polos de estabilidade.

A diversidade é inferida negativamente pelo fato de ser impossível encontrar em nossa experiência seja lá o que for que possa invalidá-la. Ao ignorarmos a forma de nosso mundo, e visto que é muito improvável que ela seja a única forma possível de produzir átomos de formas variadas, devemos pressupor que os mundos podem ter todas as formas compatíveis com a permanência de determinado organismo — ou seja, todas as formas que não entrem diretamente em contradição com o imperativo de estabilidade. Observar-se-á o seguinte: mesmo que essa seja uma hipótese provável, Epicuro nunca chega a afirmar que os outros mundos abrigam outros seres vivos. A *Carta a Heródoto* sublinha perfeitamente que não pode haver seres vivos fora dos mundos (os mundos são, portanto, condições de possibilidade da existência dos seres vivos), mas não oferece nenhuma certeza no que concerne à recíproca; nem todos os mundos são necessariamente habitados. Lucrécio é mais assertivo ao proceder à seguinte declaração:

> Existem alhures outros agrupamentos de matéria,
> semelhantes àquele que nosso céu abraça ciosamente.
> E quando a matéria se apresenta em abundância,
> quando o espaço se oferece e não havendo nada,
> nenhuma razão
> para se opor, um mundo tem de se fazer e de se completar.
> Se, portanto, existe tão grande quantidade de átomos
> que não bastaria uma geração de seres vivos para enumerá-los
> e se resta um poder, uma natureza idênticos
> para lançar e agrupar os átomos em todos os lugares
> de um modo semelhante àquele que os reuniu neste mundo,
> deve-se admitir que existem alhures outras terras,
> diversas raças de seres humanos e de animais selvagens. (DRN, II, 1065-1076)

Nesse trecho, Lucrécio utiliza dois tipos de argumentos: o primeiro por não invalidação (nada na natureza parece impedir a existência de outros seres vivos), e outro de inspiração probabilista (já que todas as condições parecem reunidas para a existência de outros seres vivos, seria totalmente surpreendente que isso não viesse a ocorrer). Essa diferença sutil e importante entre os textos de Epicuro e de *De Rerum Natura* explica-se, em parte, pelo uso adotado por Lucrécio do argumento dos "outros mundos" no canto III, no momento de reduzir a nada o medo da morte:

> Contempla atrás de ti esse espaço imenso
> do tempo passado e imagina todos os movimentos
> da matéria, assim hás de convencer-te facilmente do seguinte:
> os átomos de que somos formados neste momento
> estiveram, muitas vezes, na mesma posição em que estão agora,
> todavia, nossa memória não pode recuperar o passado
> porque, entre um tempo e outro, sobreveio uma pausa da vida
> e todos os seus movimentos, separados dos sentidos,
> erraram vagueando por aqui e por além. (DRN, III, 854-861)

Lucrécio acaba de afirmar que a morte "nada é para nós e em nada nos toca", pois não é a nós, ou seja, o nosso composto alma-corpo sensível, que ela afeta, mas a sua vinda, ao abolir qualquer possibilidade de sensação, sendo uma simples interrupção de nosso ser que já não é vivenciada por nós — e que, portanto, nada tem que possa nos assustar. A nossa morte tem conosco uma relação semelhante àquela que podemos ter com qualquer acontecimento anterior ou posterior à nossa existência, visto que ela não pertence àquilo que constitui a realidade de nossa vida — nossa consciência real inscrita em uma temporalidade que coincide com o período que dura a nossa vida.

Assim, o sofrimento com a morte não deve superar aquele que experimentamos ao evocar guerras antigas que afetaram outras pessoas e não diretamente a nós. Lucrécio sugere então uma objeção possível, removida imediatamente por ele: e se, no âmago da pluralidade dos mundos possíveis, possuíssemos avatares, clones totalmente idênticos a nós mesmos, compostos ao acaso por colisões atômicas? Lucrécio aceita essa hipótese e inclusive vai enfatizá-la ainda mais: é certo que esses avatares existem, existiram e existirão, pelo próprio fato das regras físicas evocadas mais acima — infinitude do espaço, além do número de átomos, mas não infinitude de suas formas. Ora, vemos com clareza que nunca sofremos pelo que poderia efetivamente acontecer a esses avatares, que são semelhantes a nós, mas nada têm a ver conosco e em nada nos atingem. A objeção é refutada então por si mesma: a nossa própria morte não deve nos afetar mais do que a dos clones, a respeito dos quais nossa ignorância é completa.

Vemos, portanto, que existe uma ligeira divergência aqui entre Epicuro e Lucrécio, e que este último talvez tenha a tendência para tornar mais rígidas algumas posições de seu mestre. Na realidade, Lucrécio nada faz além de levar a seu termo lógico a própria ideia de isonomia: afinal, por que limitar a regra de distribuição igualitária unicamente à matéria? Se os átomos são distribuídos igualmente no espaço infinito, assim como os mundos que eles compõem, por que não ocorreria o mesmo com os seres que povoam esses mundos — sejam eles animados ou inanimados? Nesse sentido, Lucrécio reforça a continuidade estabelecida pelo atomismo entre os diferentes níveis da matéria, além de convidar-nos a abolir a distinção tradicional entre ser vivo e ser não dotado de vida.

3.4. Mortalidade da alma, mortalidade do mundo

A constituição atômica do mundo tem como consequência direta a onipresença da morte. A mortalidade dos compostos é, com efeito, o resultado de sua profunda fragilidade: a vocação de qualquer agregado de átomos, seja qual for a sua densidade inicial, consiste em desfazer-se. A permanência de um corpo avalia-se por sua capacidade em manter a sua integridade quando, afinal, está submetido incessantemente a perdas atômicas. Devemos ter uma ideia do universo, enquanto gigantesco formigamento de átomos que caem e se entrechocam. Nenhum corpo escapa dessa queda contínua, todos são atingidos e potencialmente danificados por essas colisões incessantes. A própria estrutura interna dos compostos participa disso, por causa da vibração ininterrupta dos átomos no âmago dos corpos. Qualquer composto, portanto, perde continuamente átomos — mas também acaba por ganhá-los continuamente porque ele agrega a si uma boa parte dos átomos compatíveis que colidem com ele do exterior. Um corpo está vivo — ou seja, mantém-se em um estado de equilíbrio — com a condição de que as suas perdas atômicas não superem os seus ganhos. A partir do momento em que, devido ao uso ou por estar fragilizado, deixa de efetuar essa compensação, ele avança em direção à morte:

> [...] até que, enfim, a natureza criadora acaba a sua obra e leva o mundo ao limite extremo de seu crescimento, como acontece quando as veias vitais não recebem nenhum elemento além do que elas deixam fluir e perder. (DRN, II, 1117-1119)

Esse destino é comum ao conjunto dos seres da natureza — considerando que as únicas realidades imortais são o vazio, os átomos e o todo. No âmago do todo, é inconcebível qualquer perda ou ganho de átomos — segundo a própria definição do todo que é "tudo o que é". Por outro lado, todos os compostos, sejam eles animados ou inanimados, estão fadados a se dispersar. Tudo o que é agregado um dia há de desagregar-se:

> Todos [os compostos] dissolvem-se, uns mais velozmente, outros mais lentamente, e alguns sofrem esse processo de dissolução por uma causa, enquanto outros o sofrem por outra causa. (CHer. 73; DL, X, p. 300)

Em relação a essa lei geral, existe apenas uma exceção que é problemática — a saber, os corpos divinos, que, segundo parece, estão de certa maneira preservados dessa destruição permanente, sem deixar de ser também compostos. Os deuses são descritos como se fossem "seres vivos incorruptíveis e felizes" (CMen. 123; DL, X, p. 311). A sua incorruptibilidade (alguns textos falam de indestrutibilidade; cf. Us. 99) tem várias causas, todas físicas: o corpo deles é de uma natureza particular e sutil, além de habitarem bolsões cosmológicos preservados, os *intermundia*. Em outro capítulo, abordaremos as sutilezas — e, às vezes, as inverossimilhanças — da teologia epicurista, a respeito da qual já se pode observar que nos foi transmitida apenas por testemunhas posteriores a Epicuro; por enquanto, notemos que se trata da única exceção aparente a essa regra comum segundo a qual tudo o que é composto acaba por decompor-se.

Essa mortalidade do mundo é um dos primeiros ensinamentos a tirar da física de Epicuro; é também um dos pilares fundamentais do *tetrafármaco*. Com efeito, precaver-se contra o medo da morte implica ter discernido a natureza desta e sua inevitabilidade. "A morte nada é para nós" (DRN, III, 830) e, no entanto, ela nos envolve por todos os lados. Notável, nesse sentido, é a composição do canto III de *De Rerum Natura*, de Lucrécio, dedicado à destruição do medo da morte — e que, para proceder a tal demonstração, começa detalhando, em nada menos que 33 argumentos, as diferentes provas da mortalidade da alma. Abolir o medo da morte implica persuadir a mente não da inexistência, mas da inanidade da morte. Em vez de anular o acontecimento, trata-se de extirpar o temor que ele nos inflige. Nesse sentido, pode-se falar aqui de antiplatonismo, visto que se trata de uma reviravolta total em relação ao modelo proposto no *Fédon*, texto em que o essencial da terapia socrática passa pela análise da possibilidade da imortalidade da alma.

O único sentimento que, de fato, a morte deve causar em nós é a indiferença. Sócrates descrevia a vida filosófica como o exercício da morte:

> Com efeito, todos aqueles que se dedicam verdadeiramente à filosofia correm o risco de não conseguir levar os outros a perceberem que eles nada buscam além de morrer e de estarem mortos. (*Fédon*, IX)

Epicuro, por sua vez, instaura a morte como realidade física insuperável para ter melhores condições, em seguida, de esquecê-la em proveito do presente que é fruição aprazível das sensações. De fato, estas são efetivamente o inverso estrito da morte, de acordo com os próprios termos da *Carta a Meneceu*:

> Acostuma-te à ideia de que a morte nada é para nós. Efetivamente, todos os bens e todos os males residem na sensação; ora, a morte é a privação das sensações. (CMen. 124; DL, X, p. 312).

"Na" morte não há nada, pelo menos nada que tenha importância para nós; a morte há de dispersar-nos, mas sem nos atingir. Para provar isso, Epicuro e os seus sucessores se dedicarão a mostrar que, simultaneamente ao corpo, a alma, causa da sensibilidade, é igualmente destruída na morte. A continuidade argumentativa robusta entre as demonstrações da mortalidade do mundo e as da mortalidade da alma vêm, portanto, da recusa a atribuir à alma humana um modo de ser particular.

Do macroscópico ao microscópico: o mundo, espelho do ser vivo?

Vamos aprofundar a analogia que essa regra pressupõe entre os compostos animados e inanimados e, de forma mais geral, entre os níveis microscópicos e macroscópicos. Essa analogia poderia convidar-nos a supor erroneamente que, para Epicuro, o mundo é um "ser vivo", em um sentido zoomórfico. Se fosse esse o caso, conviria vislumbrar o seu devir sob uma forma teleológica inspirada pelo devir de um ser vivo — e, em breve, teríamos reatado com uma física finalista na esteira do aristotelismo. Na realidade, a relação é inversa. É o ser vivo que é como um mundo: tudo, até mesmo o ser vivo, é acréscimo e perda de matéria em um amontoado de átomos que não cessam de vibrar.

Os átomos que compõem o ser vivo não têm nenhuma sensibilidade e, em si mesmos, são inanimados; além disso, convém admitir que a matéria insensível é que, por arranjo e composição, dá lugar ao ser vivo. Se chegarmos a reconhecer que átomos sem cor nem sabor podem dar lugar a *concilia* coloridos e odorantes, deveremos aceitar prescindir da hipótese de átomos sensíveis para pensar a existência de corpos dotados de sensibilidade. No canto II de *De Rerum Natura*, Lucrécio procede detalhadamente a essa demonstração, não sem humor, em um texto que acaba por evocar questionamentos bastante atuais em torno da noção de emergência:

> Se é possível rir sem ser formado de átomos risonhos,
> filosofar e dar explicações em termos doutos
> sem haver átomos filósofos e eloquentes;

por que os seres que nos aparecem como sensíveis
não seriam compostos de sementes insensíveis? (DRN, II,
986-990)

Na realidade, trata-se apenas de uma nova prova dessa robusta continuidade ontológica que autoriza Epicuro a utilizar o sensível como sinal e prova do insensível. A melhor formulação disso se encontra em Lucrécio, na metáfora pela qual ele descreve o movimento dos átomos no vazio:

Observa os raios do sol que, mediante sua luz,
insinuam-se na obscuridade de um quarto:
verás, no vazio, muitos corpos minúsculos
misturarem-se de muitas maneiras nos raios reluzentes
e como os soldados de uma guerra eterna
travam por esquadrões batalhas e combates,
sem dar trégua e agitando-se sempre,
ao sabor de múltiplas alianças e separações.
É assim que podes captar por conjectura
a eterna agitação dos átomos no grande vazio
com a condição de que um pequeno fato possa dar a ideia
de grandes coisas e aprofundar o respectivo
conhecimento. (DRN, II, 112-124)

A natureza, tal como ela aparentemente se oferece a nós, é assim uma rede infinita de sucessivos encaixes em vários planos e de analogias; desse modo, a tarefa do físico consiste efetivamente em decodificar essas múltiplas imagens e associá-las de maneira correta. Por essa leitura analógica do mundo é que se desvelam as suas regras de funcionamento, o que não deixa de suscitar delicados problemas de metodologia. Como regularizar o salto problemático do visível para o invisível, salto necessário se a *fisiologia* epicurista pretende ser capaz de trabalhar a partir de conceitos que não sejam simples reproduções da evidência? Como utilizar, de maneira legítima, tais analogias sem transgredir as regras do discurso científico?

No desfecho deste capítulo, somos obrigados a constatar que é bastante difícil vislumbrar a física epicurista de forma monolítica. As diferentes caracterizações que, segundo parece, convêm a ela de longe não se adaptam realmente a seus múltiplos matizes. Se ela é construída contra a ontologia dos eleatas, nem por isso renuncia a toda ambição metafísica, como fica demonstrado pelos três princípios chamados de "conservação", os quais são totalmente abstratos. Se, em suas grandes linhas, parece adotar a postura explicativa mecanicista, ela recusa-se a reduzir a natureza em sua totalidade a um sistema determinista e busca reservar — em especial, graças ao *clinâmen* — um lugar para a liberdade e para a ação voluntária e imprevisível. Se aborda, de maneira aparentemente tradicional, a questão habitual do paralelismo entre macrocosmo e microcosmo, ela o modifica substancialmente e chega, às vezes, a ponto de invertê-lo por momentos ao nos propor, para a leitura do mundo, uma grade analógica com múltiplos níveis. Enfim, embora tal metafísica possa merecer, por alguns dos seus aspectos, o qualificativo de "reducionista" — procederemos à análise desse ponto no próximo capítulo —, ela utiliza igualmente certo número de esquemas explicativos que coincidem, de maneira significativa, com as problemáticas contemporâneas associadas à noção de *emergência*, que é construída justamente em oposição ao reducionismo físico.

Os efeitos de patamar, os quais devem ser imaginados para compreender as relações entre nível atômico e nível fenomenal, indicam que, em certa medida, os organismos não se reduzem à soma dos átomos que os constituem, sendo propriamente falando algo diferente no plano qualitativo — o que é a própria significação da emergência: cada nível da natureza é diferente do nível precedente, apoiado em dinâmicas que lhe são próprias e regido por um princípio específico de organização.

Nesse sentido, se o atomismo epicurista é em si mesmo cientificamente caduco, ele não deixa de oferecer um modelo interessante de questionamento filosófico sobre a natureza pelo próprio fato de sua complexidade. Em nosso entender, ele é particularmente adequado para suscitar de um modo correto o problema da vontade: com efeito, ele oferece uma série de conceitos relativamente claros e fáceis de manipular — *clinâmen*, átomo, organismo composto —, graças aos quais é possível tentar a formulação do problema em termos estritamente materialistas, evitando ao mesmo tempo o obstáculo habitual do necessitarismo. O contexto ontológico geral do epicurismo, que enfrenta o desafio formidável de uma física coerente, racional, mas não estritamente determinista, é um lugar privilegiado para pensar a aparente contradição entre natureza e liberdade: porque o que a motiva não é uma simples explicação da natureza, gratuita e separada de qualquer imperativo pragmático, mas efetivamente a busca filosófica da felicidade. Ao assumir tal tarefa, Epicuro nada podia tentar além de propor uma *fisiologia* que não entrasse em contradição com a primeiríssima condição da felicidade, a saber, o sentimento de sua própria liberdade.

A importância de tal problemática será recuperada pelo jovem Marx, que dedicará sua tese de doutorado, em 1841, à *Diferença entre as filosofias da natureza de Demócrito e Epicuro*. Ainda impregnado pela filosofia de Hegel, mas já tendo em mente os pontos essenciais do materialismo dialético, Marx propõe nesse texto uma leitura dialética do *clinâmen*, como poder metafísico de atração e de repulsa ("esse algo que pode lutar e resistir"[14])

---

14. K. Marx, *Différence de la philosophie de la nature chez Démocrite et Epicure* (1841), trad. J. Ponnier, Bordeaux, Ducros, 1970.

pelo qual a natureza chega à consciência de si. O átomo ("singularidade abstrata") manifesta-se a si mesmo pelo desvio, o que lhe permite, ao opor-se à linha reta ("sua definição formal"), ter acesso a um modo superior de independência e de liberdade:

> Do mesmo modo, portanto, que o átomo se liberta de sua existência relativa, a linha reta, ao fazer abstração dela, ao desviar-se dela, também toda a filosofia epicurista desvia-se do ser-aí limitativo, em toda parte onde o conceito de singularidade abstrata, autonomia e negação de qualquer relação a outrem deva ser representado em sua existência. É assim que a meta da ação é o ato de se abstrair, de se desviar da dor e do distúrbio, a *ataraxia*. Assim, o bem é a fuga diante do mal, enquanto o prazer é o desvio do sofrimento.[15]

Marx utiliza, assim, a física epicurista, que ele opõe à física de Demócrito, como exemplo de um materialismo verdadeiramente filosófico, no qual o conceito de átomo não é uma simples definição abstrata, útil para descrever objetivamente a natureza, mas antes o centro de uma problemática universal que envolve a realidade em sua totalidade, o que torna Epicuro, no seu modo de ver, "entre os gregos, o maior filósofo das 'Luzes'".[16]

---

15. Ibidem, p. 245-246.
16. Ibidem, p. 283.

IV
Uma teoria empirista do conhecimento

4.1. A verdade é a sensação

O "discurso do método" epicurista

> Em primeiro lugar, Heródoto, devemos apreender as ideias inerentes às palavras para sermos capazes de nos referir a elas e julgar assim as inferências de opinião ou problemas de investigação ou reflexão, de maneira a não deixar tudo incerto e não ter de continuar explicando tudo até o infinito, ou então usar palavras destituídas de sentido. [...]
> Devemos, além disso, compatibilizar todas as nossas investigações de acordo com as nossas sensações e, particularmente, com as apreensões imediatas, sejam elas da mente ou de qualquer outro instrumento de juízo, e compatibilizá-las igualmente com os sentimentos existentes em nós, a fim de podermos ter indicações que nos permitam julgar o problema da percepção por via dos sentidos e do que é imperceptível aos sentidos. (CHer. 37-38; DL, X, p. 291)

Essa breve passagem da *Carta a Heródoto* pode ser considerada como o discurso do método epicurista: além de enumerar, detalhando-os, os diferentes imperativos do método científico, ele indica com precisão como se deve efetuar o salto analógico do visível para o invisível.

De acordo com o primeiro desses imperativos, convém tomar como ponto de partida a investigação fisiológica dos objetos reais e evidentes, aos quais todo o resto poderá ser reduzido, que possam servir de padrão de medida para o discurso científico. O objetivo declarado de Epicuro consiste em evitar a regressão ao infinito; nesse aspecto, ele parece respeitar as regras propostas por Aristóteles nos *Segundos analíticos* — a saber, servir-se de princípios evidentes, comprovados e primordiais.

A grande diferença entre a estratégia de Epicuro e a de Aristóteles reside na natureza desses princípios primordiais. Epicuro considera que a regressão ao infinito não pode ser impedida por um procedimento de natureza dialética como uma definição, que viesse posicionar palavras sob as palavras, ou por uma demonstração dialética da indemonstrabilidade dos princípios primordiais, à semelhança do que se encontra em Aristóteles a propósito do princípio de contradição. Nesses dois exemplos, com efeito, o indivíduo não conseguiria sair do campo da linguagem e permaneceria confinado nele sem dispor de nenhum suporte empírico. As palavras não preenchidas por coisas são "destituídas de sentido" e não há nenhum vínculo natural entre a palavra e o conceito que ela designa; eis o motivo pelo qual o método científico de Epicuro nos convida, em primeiro lugar, a nos referir não à palavra, mas à coisa, ao "que está sob as palavras" — ou seja, avaliar a verdade de um discurso por um recurso sistemático à experiência.

Essa é uma regra absoluta que se aplica igualmente nas situações em que carecemos de qualquer experiência direta para nos informar acerca do que constitui o substrato empírico da linguagem. Nesse caso, é o método analógico que remediará as deficiências da apreensão direta; aliás, esse método será utilizado, por sua vez, de várias maneiras possíveis, segundo o grau de obscuridade que tiver de enfrentar.

Nos casos em que as realidades que desejamos discernir só deixam de ser acessíveis por acidente, devido a uma falha pontual de nossa percepção, elas são consideradas como se estivessem "à espera de confirmação" (*prosmenon*); portanto, a sensação direta virá, de uma maneira ou de outra, reforçar ou, eventualmente, refutar a inferência analógica por um processo de confirmação (*martyrêsis*) ou de invalidação (*antimartyrêsis*). No entanto, se essas mesmas realidades nos escapam por natureza — é o caso da percepção dos átomos e do vazio, a qual permanece definitivamente impossível —, elas são chamadas "imperceptíveis" (*adêlon*). Teremos, então, de ficar no estágio da inferência, sem possibilidade de confirmação direta; o que não significa absolutamente que essas realidades "imperceptíveis" sejam menos comprovadas.

A analogia permite, com efeito, pela implementação de uma rede complexa de signos, verificar com um elevado grau de fiabilidade a maioria de nossas proposições acerca dessas realidades. Então, será adotado o procedimento da "não invalidação" (*ouk antimartyrêsis*); na medida em que nenhuma sensação direta invalida o resultado da inferência, não há motivo para duvidar desse resultado.

O "cânon" de Epicuro e a constituição mental do saber

O "cânon" de Epicuro, afinal de contas, é apenas uma extensão detalhada desses dois princípios fundamentais. Na Antiguidade, a palavra "cânon" é atribuída ao conjunto de ferramentas lógicas utilizadas pelos filósofos. A partir do período helenístico, a lógica adquire certa forma de independência disciplinar, subdividindo-se em duas categorias principais: a teoria dos critérios da verdade e a teoria da demonstração. Os critérios são utilizados para acessar o óbvio e reconhecer uma verdade diretamente acessível, enquanto a demonstração leva ao imperceptível e produz uma verdade construída de acordo com a precisão de regras metodológicas.

Os testemunhos à nossa disposição mostram que Epicuro manifestou o seu interesse, sobretudo, pela teoria do critério; por outro lado, ele negligenciou a demonstração e vai substituí-la — por razões que dependem, como veremos, de escolhas epistemológicas radicais — quase totalmente pela inferência por signo (ou *semêiosis*). Aliás, essa mesma inferência é considerada pelos epicuristas como uma derivação do critério, e não como um procedimento lógico paralelo. O "cânon" de Epicuro propõe, assim, uma lista detalhada de diferentes critérios da verdade que convém utilizar no contexto da *fisiologia*:

> No cânon, Epicuro afirma que os critérios da verdade são as sensações, as prenoções [ou antecipações] e as afecções, acrescentando a apreensão direta das apresentações do pensamento. (DL, X, 31, p. 289-290)

O primeiro critério da verdade é, para Epicuro, a sensação; a consequência direta dessa afirmação é o postulado segundo o qual toda sensação é verdadeira. As coisas são, portanto, tais como elas aparecem a nós, e não há motivo para distinguir o que a coisa é realmente e o que ela nos mostra a seu respeito. A justificativa para o abandono da distinção entre aparência e realidade — que, no entanto, parece tão natural — reside na natureza imediata e absolutamente simples da sensação: "Toda sensação, diz ele, é destituída de lógica e incapaz de memorizar; com efeito, nem por si mesma, nem movida por causas externas, pode acrescentar ou tirar seja o que for" (ibidem, p. 290).

De que serve, aqui, Epicuro afirmar que a sensação é "destituída de lógica"? Trata-se, em primeiro lugar, de determinar negativamente a sensação, como ato imediato e intuitivo que não obedece a nenhuma espécie de discursividade; esse limite da sensação, reduzida a uma indicação puramente fenomenal, longe de diminuir a sua função, é o que permitirá, pelo contrário, torná-la um critério; a sensação é um acontecimento, e não um enunciado sobre o mundo. E a sua natureza de acontecimento vai afastá-la de toda possibilidade de erro, na medida em que este é precisamente definido como aquilo que se acrescenta de modo indevido à sensação em função de uma iniciativa do sujeito:

> A falsidade e o erro dependem sempre da superposição de uma simples opinião quando um fato espera a confirmação crítica ou, pelo menos, espera não ser contraditado; com efeito, quase sempre, o fato não é confirmado cientificamente ou é até contraditado em seguida, de acordo com certo movimento interior correlacionado com a força intuitiva da apresentação, porém, distinta desta, causadora do engano. (CHer. 50; DL, X, p. 294)

Trata-se também, negativamente, de propor uma apreensão do poder específico da razão, a qual é o que não é a sensação, a saber: poder de acrescentar e de tirar, poder sintético capaz de modificar o conteúdo da sensação, ou seja, aquilo que se tornou possível para ela pelo acréscimo de uma terceira potência, a memória. No entanto, seria errôneo considerar que, se a sensação é sem razão, a razão é em si totalmente independente da sensação. Sensação e razão não são duas faculdades distintas, mas duas disposições possíveis da mesma mente. Ou, em outras palavras, a distinção entre razão e sensação é a de dois atos mentais, de duas expressões possíveis — uma não discursiva e a outra discursiva — dessa disposição interna que é a sensibilidade.

A prenoção: definição e dificuldades

Para os epicuristas, existem outros critérios da verdade, que extraem da sensação a origem de seu valor probatório, mas que se distinguem dela de maneira notável. A *prolepsis* (prolepse = prenoção, ou preconcepção, ou antecipação) é, sem dúvida alguma, o que suscita mais dificuldades; ora, uma parte importante destas vem da relação difícil a estabelecer entre as prenoções e a sensação. Se a prenoção não é uma sensação, de onde é que ela tira o seu valor de verdade? Em que condições ela pode substituir a sensação?

> Por prenoção, eles entendem que se trata de uma espécie de cognição ou apreensão imediata do real, ou uma opinião correta, ou um pensamento ou uma ideia universal ínsita na mente, ou seja, a memorização de um objeto externo que apareceu frequentemente, como ocorre, por exemplo, quando dizemos: "Isto aqui é um homem." De fato, logo que alguém pronuncia a palavra "homem", a sua figura (*typos*) se apresenta imediatamente ao nosso pensamento por via de prenoção, guiada preliminarmente pela sensação. Por meio de cada palavra, evidencia-se aquilo que está originariamente no fundo. E não poderíamos investigar sobre aquilo que procuramos se já não o tivéssemos conhecido antes. Por exemplo, para podermos afirmar "Aquilo que se encontra a distância é um cavalo ou um boi",

devemos, por prenoção, ter conhecido em alguma ocasião a figura de um cavalo ou de um boi. A nada poderíamos dar o nome se anteriormente não tivéssemos percebido a sua forma por prenoção. Portanto, as prenoções são evidentes de imediato. (DL, X, 33, p. 290)

A prenoção representa o momento em que o indivíduo passa do nível da sensação imediata para o nível do conceito. Se a sensação é verdadeira, a "noção" do verdadeiro, utilizada pela mente para julgar, apresenta-se a ela não sob a forma de uma sensação, mas de uma *notitia*. O juízo utiliza para avaliar o que as sensações lhe apresentam, não outras sensações, ou seja, impactos orgânicos imediatos e pontuais, mas um material mental complexo e organizado chamado *prenoção*.

A prenoção torna possível o juízo, correspondendo à noção verdadeira que guia o exercício da razão; ao ser utilizada uma prenoção, não é, portanto, a razão que discrimina as sensações, mas a discriminação correta das sensações é que condiciona o exercício da razão. Se é o juízo, e não a sensação, que é suscetível de verdade ou de erro, então julgar corretamente implica estabelecer a distinção entre o seu próprio ato de juízo e a recepção passiva das sensações.

Uma prenoção, enquanto síntese de sensações, toma de empréstimo a estas o seu valor de verdade. No entanto, o fato de nada conter de falso, do ponto de vista do conteúdo, não é o motivo pelo qual a *prolepse* pode permitir-me julgar o verdadeiro. Determinadas combinações de sensações podem constituir monstros, centauros, quimeras, etc. Nem toda a síntese de sensação consegue desempenhar o papel de uma *prolepse*. O que distingue esta de qualquer outra espécie de representação mental é que ela é uma síntese ativa e refletida — ou, em outras palavras, ela apresenta-se já à mente sob a forma de um protojuízo. "Cálias vem em minha direção"; a representação mental de Cálias, que constitui a sua *prolepse*, não é exterior ao juízo que ela permite formular; ela o acompanha e lhe dá respaldo, conferindo-lhe o seu conteúdo e o seu valor de verdade.

A sensação é verdadeira por estar privada de juízo; a *prolepse*, por sua vez, é verdadeira por constituir uma matriz de juízo — mas juízo fundamentado em um *corpus* de sensações verdadeiras e combinadas de maneira ajustada. A *prolepse* é, portanto, o conteúdo "imaginário" do conceito (a imagem mental de Cálias) e, ao mesmo tempo, o movimento da mente que associa esse conteúdo a Cálias, ao considerar que ele lhe é adequado (o fato de que Cálias, ao avançar em minha direção, corresponde realmente à imagem mental que me vem à mente).

Se analisarmos o texto de Diógenes Laércio (X, 33, p. 290), distinguiremos duas funções principais da prolepse:

1) Uma função de generalização das impressões, produzida pela experiência em uma imagem sintética (ou "tipo", ou "esboço"). Essa imagem desempenha o papel de um conceito no sentido kantiano, ou seja, "uma representação geral ou refletida"[1], que permite subsumir, sob o mesmo termo genérico, uma pluralidade fenomenal. Assim descrita, a prolepse distingue-se, em um primeiro momento, com bastante dificuldade — se é que o faz — de qualquer outro tipo de noção geral.

2) Uma função propriamente linguística de reformulação dos dados empíricos assim sintetizados. Os exemplos

---

1. E. Kant, *Logique* [1800], Paris, Vrin, 1997, p. 99. [Ed. bras.: *Lógica*, trad. Guido Antônio de Almeida, Rio de Janeiro, Tempo Brasileiro, 1992.] A leitura kantiana da prolepse é evocada por Victor Goldschmidt ("Remarques sur l'origine de la prénotion" [Observações sobre a origem da prenoção]) e por Pierre Aubenque ("Kant et l'épicurisme" [Kant e o epicurismo]), in: *Association Guillaume Budé. Actes du VIII Congrès. Paris, 5-10 avril 1968*, Paris, Belles Lettres, 1969, p. 293-304.

propostos por Diógenes Laércio para compreender o funcionamento da prolepse são casos em que o uso desta é feito em situações de enunciação. A prolepse está aí para justificar determinados enunciados do tipo "Isto é um X", em que X é um conceito identificado com uma sensação. Se acompanharmos o texto de Diógenes Laércio, temos a impressão de que essa função linguística é a única que distingue a prolepse, como tal, dos *epinoiai* ou noções.

Essas duas funções sugerem, muitas vezes, a equiparação da prolepse às "ideias" dos empiristas ingleses. E, de fato, os pontos de convergência são importantes, em particular no que dizem respeito à estrutura dessas ideias e de seu modo de formação. Basta comparar o texto de Diógenes Laércio com o que se pode ler em Locke (1632-1704), por exemplo, no seguinte trecho:

> Graças aos contatos repetidos que eles têm com determinados objetos, os sentidos descobrem que algumas dessas ideias simples se apresentam sempre juntas; o entendimento também as considera como pertencentes a uma mesma coisa, e esse é o motivo pelo qual — considerando que as palavras são adaptadas à nossa compreensão comum — aquelas ideias, assim reunidas em um só objeto, são chamadas com um único nome.[2]

Locke descreve aqui a constituição da ideia de substância pela repetição de impressões semelhantes: no espaço, existem objetos que constituem unidades separadas e

---

2. J. Locke, *Première esquisse de l'essai philosophique concernant l'entendement humain* [1671], trad. M. Delbourg-Delphis, Paris, Vrin, 1974, p. 36. [Ed. bras.: *Draft A do Ensaio sobre o entendimento humano*, trad. Pedro Paulo Pimenta, São Paulo, Unesp, 2013; cf. também *Ensaio acerca do entendimento humano*, trad. Anoar Aiex, São Paulo, Nova Cultural, 1999, col. Os Pensadores.]

aos quais é possível atribuir, como pertencentes a eles, qualidades distintas. Se fizermos abstração do uso, por Locke, do termo "substância", totalmente estranho para os epicuristas, encontraremos nesse texto um processo de geração próximo ao que é descrito por Diógenes Laércio a propósito da prolepse. Ocorre a mesma impressão de familiaridade diante da leitura de alguns textos de Hume (1711-1776), que chega a retomar, sobre o problema da constituição das ideias, um adjetivo — *innatus* — que já se encontra, em Cícero, aplicado à prolepse:

> É provável que todos aqueles que negaram as ideias inatas nada pretendessem afirmar além de que todas as nossas ideias eram cópias de nossas impressões, embora seja preciso confessar que os termos utilizados por eles nem sempre foram escolhidos com prudência, nem definidos com exatidão, a fim de evitar equívocos sobre suas doutrinas. Com efeito, o que se entende por inato? Se inato é equivalente a natural, então deve-se conceder que todas as percepções e ideias mentais são inatas ou naturais, seja qual for o sentido que viermos a atribuir a esse último termo, independentemente de ser em oposição ao que é insólito, artificial ou miraculoso. Se inato significa contemporâneo ao nosso nascimento, a discussão parece frívola, pois não vale a pena averiguar em que momento se começa a pensar: se antes, depois ou por ocasião de nosso nascimento.[3]

Esse trecho aborda um ponto muito problemático do empirismo. Se a ideia, se a representação mental que

---

3. D. Hume, *Enquête sur l'entendement humain* [1748], Paris, Garnier Flammarion, 1983, seção II — "Da origem das ideias", nota 4. [Ed. bras.: *Investigação sobre o entendimento humano*, trad. Anoar Aiex, grupo de discussão Acrópolis (Filosofia), disponível em: http://br.egroups.com/group/acropolis/.]

associamos a determinado conteúdo lógico significativo nasceu de impressões sensíveis repetidas, formula-se a questão de saber se seria possível vislumbrar a mente vazia, antes que uma ideia qualquer tenha sido constituída. O processo de engendramento da ideia tem uma duração, um começo e um fim — portanto, um antes e um depois. Nesse sentido, não é tolice imaginar que haja um momento na história da mente no qual ainda não há ideia, ou seja, concepção geral que seja capaz de desempenhar os dois papéis atribuídos por Locke e Hume à ideia, a saber: constituir substâncias e dar um conteúdo à linguagem.

Esse problema não é específico do empirismo inglês, mas está formulado tal qual por Cícero, a propósito das prolepses epicuristas. Será concebível uma mente sem nenhuma ideia? A tendência mais habitual é considerar que determinadas ideias não podem ter tido um começo, sendo consubstanciais à mente humana. O próprio Epicuro parece propor semelhante raciocínio a propósito do prazer, quando utiliza o argumento dos berços.

Em *Sobre a natureza dos deuses*, de Cícero, o problema é explicitamente abordado a propósito das prolepses dos deuses que são consideradas comuns a todos os homens e, portanto, necessariamente *innatas*:

> Com efeito, visto que essa opinião não é constituída por nenhuma convenção, nem pelos costumes ou pelas leis, e visto que ela permanece um firme acordo de todos sem exceção, impõe-se necessariamente deduzir disso que os deuses existem porque temos as noções a seu respeito impressas em nós ou, antes, inatas; e é necessário que seja verdadeiro aquilo a respeito do qual a lei natural de todos está de acordo; portanto, deve-se reconhecer que os deuses existem. (De Nat. Deor., XVII, 44, p. 31)

Esse texto de Cícero provocou muita perplexidade. Com efeito, se determinadas prolepses são inatas, como teriam sido constituídas? De onde é que elas vêm?

De fato, parece-nos que é possível resolver o problema de duas maneiras. Em primeiro lugar, inspirando-se em Hume ao afirmar que se trata de uma questão falsa: o fato de ser difícil situar a origem de uma coisa não significa que ela não tenha origem. De acordo com esse filósofo, em tal debate todos têm razão, porque não há nenhum interesse em buscar a data de um processo que começa antes mesmo do nascimento — se considerarmos, à semelhança de Lucrécio, que o feto já experimenta sensações *in utero*. Mas se observarmos mais atentamente tanto os textos de Cícero quanto os de Hume, a oposição não é feita entre inato e adquirido, e sim entre artificial (ou convencional) e natural. Para Veleio, interlocutor epicurista em *Sobre a natureza dos deuses*, é importante mostrar que a prolepse dos deuses é natural; uma imagem sem escultor, nem pintor.

A identificação entre *nativo* e *natural* tende a esclarecer não uma questão de gênese, mas de normalização — sendo a natureza considerada como o lugar de expressão mais adequado das normas. A crença na existência de deuses é, para Veleio, uma crença normativa, não no sentido tradicional de que ela viesse a condicionar, ao mesmo tempo, o pacto social e o respeito por determinados valores — piedade, pudor, etc. —, mas no sentido de que os deuses simbolizam naturalmente, e de maneira figurada, a perfeição da vida do sábio, cuja ataraxia acaba por torná-lo semelhante a "um deus entre os homens".

A prolepse assim como a ideia são, portanto, geradas pela repetição de sensações, repetição que produz na mente imagens estabilizadas. Seria mais exato dizer que a própria natureza da mente se modifica por ocasião da constituição das prolepses. Segundo a doutrina de Epicuro, o fluxo incessante dos átomos torna poroso o corpo do ser humano, preparando o caminho para as sensações futuras — o que explica os sonhos e, em geral, as antecipações.[4] A repetição modifica necessariamente aquilo sobre o que ela é exercida, devido ao fato do pressuposto materialista.[5] Estamos muito perto da comparação efetuada por Locke entre a impressão das ideias na mente e a dos signos em uma tabuleta de cera que é escavada e deformada pelas marcas do estilete.[6]

A prolepse, contudo, diferencia-se fundamentalmente das ideias dos empiristas ingleses, como de qualquer outra noção, porque ela figura na lista dos critérios da verdade; é assim que a prolepse transpõe um grau em relação à simples constituição de conceito. Ou, mais exatamente, a prolepse parece ser determinado tipo de conceito, cujo uso particular resultará de uma decisão. Uma vez que a prolepse é apreendida como um conceito, ela se forma exatamente como as outras; a sua especificidade não incidirá, portanto, sobre a sua gênese. Por outro lado, se ela for abordada do ponto de vista de sua utilização, a divergência é enorme; a prolepse não é absolutamente utilizada como uma noção, e o próprio termo de prenoção designará muito mais o movimento da mente que efetua o procedimento de validação anterior a qualquer juízo do que a correlação mental real que corresponde a esse movimento.

---

4. Cf. Diógenes de Enoanda: "Nossa natureza tornou-se porosa", fragmento 9. Pelo desgaste, abrem-se canais, segundo a figura dos simulacros que os perfuram; em seguida, a matéria da mente, preparada desse modo, receberá com maior facilidade os "tipos" semelhantes àqueles que já a tinham atravessado; daí a impressão de familiaridade com algo já experimentado.
5. No final do canto IV, Lucrécio serve-se, assim, da imagem do pedregulho furado pela água para descrever o efeito da vida em comum sobre o casal, no fim da diatribe a respeito do amor.
6. J. Locke, op. cit., II, 1, § 1-5.

A *natureza criterial das afecções*

A lista dos critérios de Diógenes Laércio cita igualmente as afecções (*pathê*) e as misteriosas "apreensões diretas do pensamento", a respeito das quais nosso conhecimento é bastante reduzido. É difícil compreender como as afecções podem ser consideradas como critérios em pé de igualdade com as sensações e as prolepses quando, afinal, elas parecem pertencer não ao domínio epistemológico, e sim ao campo ético. No entanto, a lista de Diógenes Laércio é confirmada por Sexto Empírico, que, em sua explicação da canônica epicurista, não elabora nenhuma distinção entre o clássico critério "estético", que provém da sensação, e o critério afetivo, chegando inclusive a defender que a verdade das sensações deriva da verdade dos afetos:

> Do mesmo modo, no que se refere às coisas que produzem em nós uma impressão quando elas nos afetam, o agente de cada uma delas é inteiramente "impressível". E, como tal, é impossível que ele deixe de ser, na verdade, tal como a impressão produzida, se for efetivamente o agente do que produz a impressão.[7]

As *pathê* são critérios da verdade no sentido de sê-lo por inferência, a partir do que julgamos espontaneamente como sendo bom ou ruim, que decidimos em relação ao que será verdadeiro ou falso. O agradável é critério do bem no sentido de que determina para qualquer ser humano, em seu estado natural, o que ele irá buscar ou evitar. Mas, se a derivação é a tal ponto evidente, por que Diógenes Laércio toma o cuidado de distinguir esses dois tipos de critérios? Nesse caso, deixa de haver motivo para diferenciar, a não

---

7. Sexto Empírico, *Adversus Mathematicos* VII, *Contra os lógicos*, 203; Us. 247.

ser de uma maneira puramente verbal, as sensações e as afecções. No momento em que Diógenes escreve, ele tem à sua frente, sem dúvida, um texto epicurista em que está estabelecida uma diferença entre umas e as outras; mas é possível igualmente sublinhar que, por essa distinção, ele inscreve a canônica epicurista em uma tradição mais antiga. A afirmação segundo a qual as *pathê* são critérios não é uma invenção epicurista. Ela remontaria, de fato, às proposições dos *Cânones*, de Demócrito, se acreditarmos, a esse respeito, no testemunho de Sexto Empírico:

> Diotima dizia que, segundo Demócrito, há três critérios, a saber: o critério da apreensão das realidades imperceptíveis, constituído pelas coisas aparentes — visto que, como diz Anaxágoras (e Demócrito o elogia por isso), as coisas aparentes são a visão das coisas imperceptíveis; o critério da investigação, que consiste na concepção prévia — "visto que, em cada caso, ó meu filho, o único ponto de partida é conhecer o assunto da pesquisa"[8]; e o critério do que se deve buscar e evitar, constituído pelos afetos — visto que aquilo que experimentamos como se fosse congenitalmente apropriado a nós deve ser cobiçado, enquanto o que sentimos como estranho tem de ser evitado.[9]

Vemos que, em Demócrito, a série dos diferentes critérios está organizada em função dos diferentes objetos a conhecer: a cada critério corresponde um tipo de realidade específica a ser determinada por ele. O terceiro tipo de critério remete diretamente ao princípio da escolha ética. Demócrito parece ter formulado, bem antes de Epicuro, uma tese segundo a qual as normas éticas podem ter uma

---

8. Citação aproximada de *Fedro*, 237 b.
9. Sexto Empírico, *Adversus Mathematicos* VII, 140.

função de validação semelhante à das normas dialéticas. Esse testemunho é bastante precioso por ser relativamente mais exato que o texto de Diógenes Laércio sobre o que, no afeto, condiciona a sua capacidade de ser critério — e assim vemos delinear-se em filigrana uma tese bastante audaciosa, segundo a qual o critério da sensação é válido apenas se a formulação lógica deriva de uma formulação ética em termos de afetos. Ou, em outras palavras, pelo fato de que *experimentamos* em nossa carne o sofrimento e o prazer é que podemos, em seguida, *discernir* mentalmente o verdadeiro do falso.

Os sentidos podem se equivocar?
O problema da ilusão e a controvérsia com os céticos

Há, portanto, adequação perfeita entre o ser real e a sua aparência; mas essa adequação não exclui a possibilidade da ilusão. Epicuro admite sem dificuldade o caráter muitas vezes falacioso da sensação. Esse problema é duplicado pelo fato de que a sensação não nos dá acesso à própria estrutura atômica: o átomo é insensível e não tem nenhuma das qualidades que a sensação nos indica. No capítulo precedente, vimos que essa aporia já estava presente em Demócrito e culminava em uma forma moderada de ceticismo. Sem deixar de manter a distinção entre o nível do átomo e o nível do composto, Epicuro irá procurar, por sua vez, não abolir a realidade das qualidades sensíveis.

O desafio da canônica epicurista será conseguir levar em conta o caso da ilusão sensível, enquanto evita com cuidado o obstáculo do ceticismo que utiliza o fenômeno da ilusão para reduzir o ser a uma aparência irresolúvel, incapaz de se tornar o suporte de uma verdade. Eis o motivo pelo qual a refutação dos argumentos do ceticismo intervém sistematicamente na proximidade do enunciado do critério epicurista.

Tal refutação aparece sob uma forma compacta em Epicuro, nas *Máximas principais*:

> Se lutares contra todas as sensações, deixarás de ter um critério de referência e assim não poderás julgar sequer aqueles juízos que qualificas de falsos. (MP 23; DL, X, p. 318)
>
> Se rejeitares pura e simplesmente determinada sensação e se não conseguires distinguir entre a conclusão da opinião quanto à aparência que espera confirmação e aquela realmente dada pela sensação ou afecção, ou cada apreensão intuitiva do pensamento, confundirás também as demais sensações com a mesma opinião infundada, a ponto de rejeitar todos os padrões de juízo. E se entre as imagens mentais criadas por tua opinião afirmas tanto aquilo que espera confirmação quanto aquilo que não espera, não escaparás do erro, pois terás conservado toda causa de dúvida em cada juízo a propósito do que é verdadeiro e do que é falso. (MP 24; ibidem)

A posição de Epicuro é clara: colocar em dúvida o valor de verdade das sensações implica necessariamente a rejeição de qualquer critério; ou seja, o não reconhecimento da sensação como primeiro critério do que é verdadeiro tem como consequência lógica a impossibilidade de construir um novo critério, seja ele qual for. Ou, em outras palavras, para Epicuro, a prioridade "criterial" da sensação não é somente de ordem ontológica, mas axiológica. A sensação é o primeiro critério *de fato* por constituir a nossa primeira relação com o mundo, além de ser o modo imediato pelo qual o ser das coisas nos é dado; mas ela o é igualmente *de direito*, porque à sua imagem e segundo a sua jurisdição se constituem todos os outros critérios eventuais.

Assim, será possível observar, na *Máxima principal* 24, que Epicuro deseja utilizar o mesmo argumento em todos os casos possíveis de juízo — tratando-se de exercer a sua reflexão sobre um conteúdo empírico que se apresenta diretamente, ou sobre enunciados ainda a experimentar empiricamente ("o que é esperado") ou que não podem ser comprovados empiricamente ("o que não tem confirmação"). Portanto, recusar a verdade às sensações é tornar-se incapaz de determinar qualquer espécie de verdade e mergulhar na *epochê* (suspensão do juízo) cética. Como é indicado por essa máxima, o reconhecimento da verdade só pode ser feito após um meticuloso trabalho de discriminação, pelo qual será estabelecida a diferença entre o que é realmente da ordem da sensação e aquilo que, enquanto pertencente à "opinião", deve, pelo contrário, ser suspeito e inadmissível sem checagem. A delimitação clara da sensação culmina, assim, necessariamente no assentimento quanto a essa sensação.

Essa sequência argumentativa é desenvolvida, de maneira ainda mais precisa, em Lucrécio. Nele, o paradoxo em que o cético se encontra aprisionado é descrito de modo pitoresco:

> Enfim, aquele que pensa que nada se sabe, mesmo isso ele ignora se pode saber, já que diz nada saber.
> Não perderei, portanto, o meu tempo em me dirigir
> a quem se compraz em trocar a cabeça pelos pés e em andar para trás. (DRN, IV, 469-472)

Se o cético nada sabe, ele ignora inclusive que nada sabe, visto que as noções de verdade e de falsidade não têm sentido para ele. Esse é um argumento de formato clássico, o qual associa o saber, em seu primeiro momento, a uma tomada de consciência de sua ignorância. O ceticismo radical é apresentado como uma fórmula oca e, na realidade, insustentável. A própria posição do cético reclama um critério do que é verdadeiro, ou seja, que seja possível utilizar as noções de "verdadeiro" e de "falso", conferindo-lhes um conteúdo; e, de acordo com Lucrécio, esse conteúdo não pode ser tirado de outra coisa além do reconhecimento prévio de um "verdadeiro" e de um "falso" reais, ou seja, exteriores à mente que os concebe.

É necessário ter um critério, o qual deve proceder de uma identificação do verdadeiro e do falso — o que supõe que o verdadeiro e o falso não sejam construções mentais, produtos fantasmagóricos de uma mente isolada: "Aquilo que se percebe pelos sentidos, no momento em que isso é percebido, é verdadeiro." Lucrécio reduz a percepção a um ponto temporal, um momento que limita o alcance do critério e o especifica. É no ponto de impacto da sensação que esta pode ser considerada verdadeira, antes de qualquer interpretação pelo juízo. O que é uma maneira implícita de insistir, de novo, sobre a singularidade da sensação, singularidade que é acompanhada necessariamente por sua exatidão, aliás, as duas qualidades em que se apoia, como já vimos, a sua "evidência".

E, no entanto, parece que efetivamente os sentidos se equivocam! O caso paradigmático é o da ilusão de ótica, retomado por Lucrécio sob a forma do exemplo da torre que, de longe, é vista redonda e, de perto, quadrada. A razão é incapaz de explicar esse paradoxo. Os sentidos são sempre verdadeiros, mas às vezes se equivocam:

> E se a razão não pode explicar a causa pela qual
> objetos que, de perto, eram quadrados parecem,
> de longe, redondos, é preferível, por falta de seu
> auxílio,
> explicar incorretamente as duas figuras
> a deixar escapar de nossas mãos a evidência,

a atraiçoar nossa primeira fé e arruinar todos os alicerces
em que se apoiam as nossas vidas e a nossa salvação.
(DRN, IV, 500-506)

Vemos que Lucrécio propõe uma solução de inspiração pragmática: é preferível "equivocar-se", ou seja, sugerir uma explicação errônea, mas que salvaguarde o testemunho dos sentidos — a torre que muda de forma —, a renunciar à fiabilidade dos sentidos. A aparente circularidade dessa argumentação indica que a natureza "criterial" da sensação representa como que o ponto cego da epistemologia epicurista. Justificar esse estatuto é impossível mediante a utilização dos recursos habituais da lógica, porque a própria lógica, a "razão", ou seja, a discursividade, extrai seu fundamento da verdade evidente e pontual dos sentidos. Impõe-se então a nós a conclusão de que "a percepção [dos sentidos] de cada instante é, portanto, verdadeira" (DRN, IV, 499).

O conceito fundamental que dá respaldo à definição epicurista do critério é o da *evidência*.[10] A avaliação pelo critério da sensação consiste em um confronto analógico da opinião com as "impressões manifestas", em que a evidência dessas impressões corresponde ao caráter pelo qual elas podem se impor ao intelecto. A evidência exerce, portanto, a função de fiador da veracidade da sensação — o que equivale a conferir um importante papel epistemológico

---

10. "Evidência" é um latinismo que traduz *enargeías* e se inspira em uma proposição de Cícero, que, ao se deparar com um léxico filosófico que não possuía equivalentes verdadeiros em latim, preferiu um termo mais complexo ao *clarus* habitual. Sobre essa questão, podemos consultar, em particular, o artigo de Clara Auvray-Assayas, "L'Évidence de la sensation épicurienne: le témoignage de Cicéron" [A evidência da sensação epicurista: o testemunho de Cícero], in: Carlos Lévy e Laurent Pernot (eds.), *Dire l'Évidence (Philosophie et rhétorique antiques)*, Paris, L'Harmattan, 1997.

à imediatidade natural pela qual a sensação se impõe ao sujeito que a recebe. De modo que, se "o fundamento de todas as coisas" é a evidência, esse fundamento só pode funcionar na medida em que se apoia no pedestal de uma natureza que nos designa sempre o verdadeiro.

A sensação se torna, portanto, o primeiro critério não pelo exercício de uma faculdade independente que é aplicado sobre ela, mas é em sua própria estrutura que a sensação, evidente, indica o que é verdadeiro. Convém, por conseguinte, para tentar resolver as múltiplas aporias da canônica epicurista, interessar-se um pouco mais de perto por essa estrutura e mostrar a articulação real da noção de evidência com a gnosiologia descrita pela física.

4.2. Eflúvios e simulacros

O movimento da sensação

No parágrafo 49 da *Carta a Heródoto*, Epicuro resume o ponto mais consistente de sua teoria a respeito da sensação ao expor a tese física do simulacro que é o seu esteio material:

> Devemos também ter em mente que é, pela penetração em nós de qualquer coisa vinda de fora, que vemos as figuras das coisas e fazemos delas objeto de nosso pensamento. (CHer. 49; DL, X, p. 294)

O movimento aqui descrito, que vai do percebido ao perceptor, é o movimento inverso daquele que é exposto por outras teorias da sensação que conhecem um verdadeiro sucesso no período helenístico, em particular as que abordam a natureza da visão. Com efeito, elas pressupõem, pelo contrário, que o movimento vai do perceptor ao percebido — o que alimenta uma desconfiança legítima em relação ao resultado de tal movimento, desconfiança que virá respaldar a suspeita cética: sentir é, antes de mais nada, deformar. A hipótese da emissão do raio visual é substituída, na época helenística, pelo *pneuma* ou "sopro" dos estoicos e, mais tarde, pela escola galênica que retoma a ideia segundo a qual algo vai do olho para o objeto, parecido com a luz, mas não idêntico a ela. Foi essa intuição, aliás, que levou os estoicos a definirem a sensação como uma *katalêpsis*, a captura da impressão pelos sentidos.

Assim, em Diógenes Laércio, lemos o seguinte:

> A palavra sensação é definida, segundo os estoicos, como um sopro espiritual passando pela parte principal da alma até os sentidos, como a apreensão garantida por esses sentidos e ainda como o aparato inteiro dos órgãos sensoriais, dos quais algumas pessoas podem carecer. (DL, VII, 52, p. 193)

O movimento que condiciona a visão é, nesse texto, equiparado ao que poderíamos designar como movimento intencional, condicionado pela disposição do corpo, que o orienta para o que deve ser visto. O raio visual fornece uma imagem das coisas que deve respeitar determinadas regras geométricas precisas, o que constitui o embrião de uma ótica que encontrará a sua expressão mais acabada em Euclides (325?-265? a.C.) e Ptolomeu (90-168? d.C.).[11]

---

11. Dois matemáticos gregos que deixaram a sua marca na história das ciências. Euclides é o autor presumido de uma coletânea de tratados geométricos chamada *Elementos*, que sintetiza sob a forma de um sistema hipotético-dedutivo o conjunto dos conhecimentos geométricos elementares necessários ao exercício da matemática. Ptolomeu — astrônomo, astrólogo e geógrafo —, por sua vez, é um representante interessante do modelo "alexandrino" do cientista; dotado de uma curiosidade universal, ele é o autor de um tratado de astronomia, o

A visão é considerada como a apreensão simultânea, em um espaço medido pela abertura do olho, de todos os pontos que constituem o objeto. Euclides traduz, no cerne de uma ótica geométrica, a hipótese do raio visual sob a forma de um cone visual. Essas formulações geométricas são contemporâneas do epicurismo, e pode-se pensar que a tese física dos simulacros corresponde a uma tentativa, por parte dos epicuristas, de lutar contra esses modelos geométricos que propõem uma matematização do real que suscitava neles uma particular repulsa.

Epicuro, por sua vez, pretende salvaguardar a legitimidade soberana da sensação; ele pressupõe, portanto, que a sensação tenha um substrato físico, o *eidôlon*, que Lucrécio traduzirá por *simulacrum*. Esse filósofo procede, assim, à escolha de uma palavra ambígua — que significa, de maneira bastante indefinida e geral, "representação" — para traduzir uma realidade física precisa que não é uma representação: com efeito, o simulacro não é a coisa nem uma representação ou uma imagem da coisa (caso contrário, Epicuro teria sem dúvida utilizado, para designá-lo, um derivado de *phantasia*, que, em grego, designa a imagem), mas o simulacro "representa" a coisa de maneira tão real que, ao percebê-la, constata-se a própria coisa, o que permite fiar-se no testemunho dos sentidos.[12]

Almagesto, cujas teses geocêntricas permanecerão predominantes no Ocidente até o desenvolvimento do modelo de um sistema planetário heliocêntrico pelo astrônomo e matemático polonês Copérnico (1473-1543).

12. Dois elementos acentuam a ambiguidade do termo: Lucrécio utiliza, às vezes sem distinção, *imago* e *simulacrum*: em *De Rerum Natura* I, 123, o simulacro designa os fantasmas; portanto, o simulacro pode, por seu turno, induzir a erro.

Tal ambiguidade já se encontra, praticamente nos mesmos termos, na palavra grega que Lucrécio traduz por simulacro, *eidôlon*, e que é sublinhada por Robert Mugler (*Dictionnaire historique de la terminologie optique des grecs*, Paris, Klincksieck, 1964, verbete Eidôlon, p. 117). Esse filólogo distingue, assim, dois sentidos em *eidôlon*:

O simulacro permite, portanto, a quem o recebe guardar sempre, por meio dele, uma relação com o objeto que o emite. A redução epicurista de qualquer sensação a um *toque* é a maneira de conservar, em cada sensação, essa relação direta, quase de contiguidade, com o objeto percebido, o qual, conforme dizíamos antes, serve de fundamento à confiança primordial nos sentidos, princípio de toda a canônica epicurista.

Natureza e funcionamento dos simulacros

Se pretendermos descrever o que é um simulacro, seria possível apreendê-lo de maneira bastante exata como uma película atômica que se destaca de qualquer composto, devido à perda constante provocada pela vibração interna perpétua dos átomos. Essas películas, que emanam em série contínua tanto da superfície quanto da profundeza dos agregados, estão presentes em toda parte e desencadeiam as sensações ao esbarrar nos órgãos sensoriais. Qualquer sensação procede, portanto, de uma colisão, e pode assim ser reduzida a um tato. A recepção de simulacros envolve várias partes contíguas do corpo que hão de se comunicar por um fenômeno complexo de reação em cadeia. Esse fenômeno em si é compreensível somente pela implementação da *sympatheia* evocada no capítulo II, que

---

"1ª) a imagem real, materializada, de um objeto ou de um ser. [...] 2ª) A imagem virtual, o reflexo de um objeto sobre uma superfície refletora." Dizer, porém, que toda sensação é verdadeira não significa que os fantasmas existam. O que é sempre verdade é o próprio fenômeno da visão: algo chega ao meu olho que provoca em mim certa sensação. O fantasma é "falso" por ser confundido com um ser vivo; mas a própria visão do fantasma é sempre real. O simulacro não designa a sensação, mas o objeto que provoca a sensação como um acontecimento na mente.

regulariza as relações da alma e do corpo no âmago do organismo humano.

A noção de *sympatheia* intervém, primeiramente, no interior do simulacro, como força de coesão que, pela síntese que provoca, apropria o simulacro ao órgão sensorial que o recebe. O caso notável da audição (CHer. 52-53; DL, X, p. 295) pode permitir que coloquemos em relação o funcionamento do simulacro e o fenômeno da *sympatheia*. À semelhança do que ocorre com a visão, a audição provém de um impacto com uma torrente que vem do objeto e produz o estímulo auditivo. A *sympatheia* é aqui apresentada como aquilo que une, no fluxo sonoro, as partes do som e que permite, portanto, constituir a unidade do fluxo — o que atesta que os simulacros provêm todos de uma única e mesma origem. A capacidade para isolar um som na cacofonia que nos circunda é tornada possível por essa *sympatheia* dos elementos do som entre si. A atenção à fonte sonora, identificada como *una*, é designada como *epaisthesis*.

Esse exemplo nos permite apreender como existe, na própria estrutura da série dos simulacros, algo — aqui a estreita relação de vizinhança e consenso das partes, certa forma de semelhança que permite conectá-las todas à mesma fonte — que constitui em uma unidade significante o que poderia ser percebido apenas como uma série desordenada de impactos sem nenhuma espécie de coesão.

No entanto, a *sympatheia* desempenha também o seu papel em um segundo nível, no momento da recepção do simulacro e de sua transformação em conteúdo sensível pelo organismo que sente, enquanto fiador da união entre a alma e o corpo. Quando o simulacro esbarra no composto alma-corpo, no nível do órgão sensorial adequado, produz-se uma reação em cadeia: o corpo transmite o simulacro à alma e esta, por sua vez, às suas diversas partes, e é essa transmissão bem ordenada que constitui, no sentido próprio, a percepção. O mecanismo age também em sentido inverso, quando é a alma que transmite uma impressão ou um sentimento ao composto. Essa notável homologia de estrutura entre o simulacro e o composto alma-corpo é, para os epicuristas, outra maneira de consolidar a função metodológica do simulacro. A semelhança entre o percebido e o perceptor torna possível a ideia de uma adequação legítima entre a sensação e a própria verdade das coisas, que não será deformada por quem recebe o simulacro.

Os paradoxos do empirismo epicurista

A tese dos simulacros está, no entanto, longe de ser tão simples quanto a nossa apresentação pode deixar transparecer. Os simulacros suscitam numerosas questões que não encontram resolução no próprio *corpus* epicurista. Pode-se citar uma, particularmente interessante, associada a uma célebre "sandice" da física epicurista, a saber: a questão do tamanho do Sol, que, segundo se diz, aparece a nós exatamente como ele é. Esse problema está, de fato, ligado à questão de saber como os epicuristas concebem a percepção das medidas e a avaliação do tamanho dos corpos, o que é um problema extraordinariamente complexo. Será que a visão de uma montanha implica a apreensão de um simulacro tão grande quanto uma montanha? Se for o caso, como pode entrar no olho? E, se não for, como é efetuada a "correção"? A questão está longe de ser anedótica: o epicurismo é um empirismo que parece ter adotado uma teoria pouco satisfatória da sensação, a tal ponto que ela se revela incapaz de explicar, de maneira simples e suficiente, a percepção — diferentemente dos céticos, cuja estética é, nesse sentido, muito mais satisfatória.

Tal paradoxo pode ser resolvido se considerarmos que o critério da sensação é efetivamente o único que pode trazer paz à alma. Esse, aliás, não é o único caso em que os epicuristas, para salvaguardar a fiabilidade da sensação, parecem impor à lógica e ao rigor científico algumas distorções que podem surpreender. Esse procedimento de resolução aparece igualmente no caso do uso das explicações múltiplas. Na *Carta a Pítocles*, com efeito, Epicuro estabelece como pré-requisito metodológico que, para determinadas realidades, é possível conceber etiologias concorrentes, sem que essa diversidade explicativa prejudique o rigor científico da explicação assim concebida:

> Deve-se evitar também forçar o impossível ou adotar em tudo o mesmo método de pesquisa aplicado na minha exposição sobre os modos de vida ou naquela com vistas à solução dos outros problemas físicos, como o fato de que o todo consiste em corpos e natureza intangível, ou que os elementos são indivisíveis, e proposições semelhantes, passíveis apenas de uma solução em harmonia com os fenômenos. Esse procedimento não é aplicável aos fenômenos celestes que não só admitem uma multiplicidade de causas para a sua formação, mas também uma determinação múltipla de sua essência em harmonia com as sensações. (CPít. 86; DL, X, p. 303)

O domínio de aplicação das múltiplas explicações é aparentemente limitado aos *meteora*, ou seja, a certo gênero de fenômenos que se caracterizam por sua raridade ou seu distanciamento espacial (terremotos, eclipses, trovões). No entanto, a esse limite objetivo sobrepõe-se, no decorrer do texto, um limite subjetivo de aplicação desse princípio etiológico que será função do valor terapêutico e da explicação solicitada:

> Não se deve pensar que o conhecimento dos fenômenos celestes, independentemente de serem analisados em

relação a outra coisa ou por si mesmos, tenha outro fim além da ataraxia e da firme certeza, à semelhança das outras investigações. (CPít. 85; DL, X, p. 303)

Não se deve, portanto, procurar a todo custo uma única causa para um fenômeno quando é impossível determiná-la unicamente pelos fenômenos. Essa interdição metodológica, porém, não se fundamenta apenas na natureza física dos objetos sobre os quais incide a explicação; ela implica igualmente uma interdição de tipo moral que elabora leis acerca do próprio princípio da explicação como tal.

O critério da sensação é criticado por estar equivocadamente fundamentado no plano lógico. Epicuro responde dizendo que a confiança em alguns princípios da ciência, em particular no valor probatório da demonstração tal como comumente definida — ou seja, resultante de princípios primordiais comprovados, de tal maneira que seja possível chegar a uma única explicação comprovada e definitiva —, é igualmente da ordem do prejulgamento. O mesmo ocorre com a tese segundo a qual há apenas uma causa verdadeira para cada fenômeno, e que fornecer uma explicação consiste sempre em referir-se a essa única causa verdadeira. Mas, de fato, é muito mais profundamente a preferência pela verdade científica, segundo a definição que lhe é dada, em vez da paz da alma que é efetivamente da alçada de uma escolha não científica.

Para Epicuro, a física é uma ciência infectada de *a priori*; em sua opinião, ela exerce, portanto, seu direito mais estrito quando decide preferir determinados pressupostos a outros. A *Carta a Pítocles*, em vez de procurar estabelecer o melhor método do ponto de vista da cientificidade classicamente compreendida — ou seja, aquela que nos levará o mais perto possível da verdade no tocante à explicação dos fenômenos —, propõe o melhor método do ponto de vista da eficácia ética. O mesmo raciocínio subentende, nos textos de Lucrécio, a defesa radical do critério da sensação. Do ponto de vista da apreensão sutil da verdade das coisas, tal critério apresenta lacunas e só pode ser demonstrado de maneira negativa pela impossibilidade de refutá-lo; no entanto, tais lacunas são também compensadas por sua extrema eficácia terapêutica.

Para voltar à questão do tamanho do Sol, este é, para Epicuro, o próprio exemplo de um falso problema. O que já é demonstrado, de fato, pela própria formulação da resposta epicurista, na *Carta a Pítocles*:

> O tamanho do Sol, da Lua e dos outros astros, considerado em relação a nós, é exatamente o que vemos [...]. Se o consideramos em si mesmo, ele pode ser maior que aquele que vemos ou um pouco menor, ou igual (mas não ao mesmo tempo). (CPít. 91; DL, X, p. 304)

Epicuro mantém voluntariamente um grau de precisão bastante fraco em sua resposta. Por quê? A *Carta a Pítocles* empenha-se em mostrar que, em determinados domínios, a pretensão de fornecer uma explicação causal demasiado exata acaba resvalando em mito de modo semelhante ao que se passa com um relato cosmogônico. Esse é o caso para tudo o que não pode ser submetido a uma verificação empírica satisfatória — e o Sol corresponde exatamente a essas realidades demasiado distantes para que seja possível percebê-las de uma maneira canonicamente satisfatória.

Os argumentos dos adversários de Epicuro voltam-se contra si mesmos; eles o acusam de rejeitar as provas geométricas que lhe submetem por ignorar a matemática. No entanto, Epicuro não pode ser atingido por essa crítica, uma vez que ele visa não tanto uma determinação precisa do tamanho do Sol como tal, mas uma determinação que evite absolutamente qualquer terror supersticioso ou angústia em relação ao objeto medido desse modo. A astronomia matemática defendida por seus adversários está impregnada de teologia e procura favorecer, entre outros aspectos, a tese de uma divindade do Sol: reduzir o tamanho do Sol a proporções mínimas é também retirar-lhe a sua natureza de divindade.

Epicuro introduz essa questão diretamente em sua terapêutica e transforma, como ocorre com frequência, um problema científico em problema ético; tal postura é justificável apenas quando os epicuristas subordinam a física à ética. Desse modo, deixa de haver contradição em pretender propor uma explicação verdadeira da natureza, limitando ao mesmo tempo o campo metodológico no interior do qual essa etiologia poderá ser formulada de maneira positiva. Assim, os epicuristas resolvem as dificuldades suscitadas pela escolha da sensação como critério fundamental, ao fazer com que essa escolha dependa de uma decisão ainda mais primordial que consiste justamente nessa subordinação de todos os domínios do saber à vocação primeira do epicurismo: a terapia ética da alma.

Entretanto, nesse caso, não se pode dizer que os epicuristas se limitaram a adiar o problema? Em que medida essa primeira decisão será mais justificada do que aquela que lhe está subordinada? Se a escolha do critério é efetuada em função de imperativos éticos, como fundamentar essa primazia da ética? Essas perguntas se juntam a uma interrogação muito mais ampla, dirigida à totalidade do procedimento epicurista: em que medida será possível falar, a propósito do epicurismo, de uma filosofia reducionista?

4.3. Epicuro: filósofo reducionista?

A hipótese do reducionismo epicurista deve ser considerada tanto nos planos noético e ético — será que Epicuro consegue explicar o surgimento das noções, ou seja, a operação intelectual mais fundamental, respeitando estritamente os princípios do atomismo? E o que se passa em relação à volição e à liberdade? — quanto nos planos físico e cosmológico: haverá, ou não, presença de efeitos de escala no âmago da natureza?

O reducionismo noético e ético

É possível falar de reducionismo noético quando alguém se encontra diante de um sistema de explicação do mundo em que os fenômenos mentais são assimilados a fenômenos corpóreos. À primeira vista, parece ser esse o caso em Epicuro, já que, para ele, o que designamos como pensamento, ou seja, a atividade mental — ou, para usar um léxico epicurista, a recepção e o uso de simulacros mentais —, pode ser explicado por princípios semelhantes aos que são aplicados ao resto da natureza, a saber: o vazio e os átomos.

Numerosos textos do *corpus* epicurista reconhecem o valor dos verdadeiros mecanismos físicos em ação na atividade mental; formula-se assim a questão de saber se todas as propriedades mentais são perfeitamente explicáveis em termos de configurações atômicas. No entanto, mesmo que a resposta seja afirmativa, isso não significaria necessariamente que as representações são destituídas de qualquer sentido fora de sua natureza atômica: não há redução do composto ao elemento, visto que a passagem para o nível ontológico do composto implica justamente deixar de considerá-lo como uma simples soma de elementos; mas a compreensão da natureza do composto e de suas eventuais transformações implica, do ponto de vista epistemológico, um retorno reflexivo à sua configuração elementar.

Esse problema pode nos permitir a análise do liame existente, reivindicado pelos partidários de uma teoria materialista do corpo, entre funções sensoriais e funções intelectuais. Com Epicuro, estamos na presença de uma doutrina que considera a atividade intelectual uma manifestação, entre outras, dos mecanismos fisiológicos da sensibilidade. O epicurismo, em vez de considerar o pensamento um fenômeno particular, a partir do qual será possível compreender certo número de outros fenômenos, opera uma analogia inversa: o pensamento se dá a partir de algo diferente de si mesmo — no caso concreto, a partir da sensação. No canto III do poema de Lucrécio, encontra-se uma expressão estranha, *sensus animi*:

> Em primeiro lugar, digo que o *animus*, designado frequentemente por nós como pensamento,
> no qual residem a ordem e o modo de dirigir a vida,
> é uma parte do ser humano, tal como as mãos e os pés
> e os olhos fazem parte do conjunto do ser vivo. [...]
> Assim, [os outros filósofos] consideram erroneamente
> o sentido do *animus* (*sensus animi*) como uma coisa à parte;
> parece-me que eles estão enormemente equivocados.
> (DRN, III, 94-105)

Se acompanharmos a demonstração lucreciana que, a essa altura do poema, manifesta o seu interesse pela questão da distinção entre a alma (designada ora por *anima*, quando se trata do próprio princípio vital, ora por *animus*, quando faz referência ao poder próprio da mente) e o corpo, seria grave e errôneo colocar a mente "à parte", e isso, paradoxalmente, ao recusar fazer dela uma "parte". O que equivale a dizer que a distinção das funções do corpo em outros tantos lugares, longe de estilhaçar e dispersar esse corpo, confere-lhe uma unidade ainda maior ao salvaguardá-lo de qualquer tentação dualista.

Colocar a mente à parte é diferenciá-la essencialmente das outras partes do corpo, exatamente no aspecto em que a única distinção válida só pode ser de ordem topológica. A equivalência dos diferentes pontos do espaço corporal não resulta na identificação de cada um, mas salvaguarda a distinção de suas diversas potências; em compensação, evita-se a hierarquização dos lugares de acordo com o modelo platônico, o qual estabeleceria as faculdades em ordens diferentes e, finalmente, tornaria impossível a união real entre a alma e o corpo.[13] Ora, fixar as regras dessa união, dando valor à sua necessidade, é efetivamente o objeto do canto III de *De Rerum Natura*, que só distingue essas duas entidades para insistir ainda mais sobre as suas relações de entrelaçamento — o que Epicuro designa, como vimos acima, a sua *sympatheia*. Com efeito, é essa união que torna possível a sensação, ou seja, a única relação possível com o mundo, e que condiciona a sobrevivência do ser vivo:

> Tanto a alma quanto o corpo não podem existir sem a força do outro,
> nem podem ter sensibilidade cada um por si,
> mas os seus movimentos recíprocos em nossa carne acendem e atiçam a chama da sensação. (DRN, III, 333-336)

---

13. A própria terminologia presta-se aqui a equívocos: Lucrécio apropria-se da distinção clássica entre "alma" e "corpo" para dissolvê-la com maior determinação, conferindo-lhe um alcance totalmente diferente. Deve-se sempre levar em conta que tanto o *animus* quanto a *anima* são efetivamente corpos, compostos atômicos que consistem na organização de partículas indivisíveis. Cf. G. Kerferd, "Epicurus' Doctrine of the Soul", *Phronesis*, p. 80-96, XVI, 1971.

Como compreender, nesse caso, a expressão *sensus animi*? O *animus* é o lugar de uma sensação, no sentido de que, parte do corpo, ele é um dos dois elementos necessários à emergência de qualquer sensação possível; mas o *animus* é o lugar de uma sensação igualmente no sentido de que o seu funcionamento específico é um funcionamento sensitivo. A atividade do intelecto é então definida como a faculdade de perceber imagens mentais. Pode-se, portanto, de maneira verossímil, falar de reducionismo noético em relação ao epicurismo. No entanto, não é porque a inteligência funciona segundo mecanismos corporais que o mesmo se dá para o conjunto das atividades mentais. O que acontecerá quando se abandona o domínio propriamente noético para abordar as faculdades éticas do indivíduo — em particular, aquelas que envolvem a sua liberdade? Será que o homem, enquanto é agregado de átomos movidos por movimentos aleatórios, pode ser considerado responsável por seus atos? Como o epicurismo conseguirá explicar atos imputados a agentes, reservando um lugar para o livre-arbítrio?

Essa questão foi evocada, no capítulo precedente, a propósito do *clinâmen*. Entre os leitores de Epicuro, verifica-se o confronto de três posturas: a que supõe um *clinâmen* que ocorre uma só vez; a que o considera um fenômeno simplesmente metafísico sem relação com os atos individuais de volição; e a que pensa que ele é reiterado para cada manifestação da vontade de um ser vivo. A segunda hipótese parece ser a mais favorável para salvaguardar a liberdade humana; mas ela também não deixa de suscitar dificuldades temíveis. Como manter a hipótese de um desvio casual no nível de cada ação particular e, ao mesmo tempo, conservar certa coerência no somatório das ações de cada indivíduo?

Várias soluções têm sido apresentadas. Algumas, de inspiração ontológica, apoiam-se na existência de uma caracterologia epicurista para postular uma espécie de essência associada à espécie do indivíduo: de acordo com o temperamento conectado a uma constituição específica, preservada pelo efeito dos *foedera naturalia*, algo como um caráter põe-se em ação e, de certa maneira, "dá cor" aos atos e às decisões de cada indivíduo. Outras, de matiz mais epistemológico, propõem distinguir, nos textos epicuristas, diferentes tipos de causalidades mais ou menos deterministas, mas sempre regidas por mecanismos materiais. Em todos os casos, ainda permanece a questão de saber se devemos, ou não, pressupor na natureza a existência de duas tendências contrárias: a primeira, constituída pelo regime causal habitual e determinista, enquanto a outra, igualmente material, mas não determinista. Que se passa, então, com a fiabilidade dos pactos da natureza?

A questão do reducionismo noético é assim, por sua vez, sintetizada de maneira bastante rápida a uma interrogação cosmológica geral. Haverá efeitos de patamar na natureza? Ou, então, será que as leis aplicadas no nível microscópico dos elementos agem de maneira semelhante no nível macroscópico dos compostos?

O reducionismo físico e cosmológico

Vejamos o exemplo da lei da isonomia, já apresentada no capítulo precedente. O espaço em que essa isonomia é exercida, se não for euclidiano, tem pelo menos uma característica comum com ele, que é a equivalência absoluta de todos os seus pontos. Os epicuristas rejeitam, em escala universal, qualquer ideia de "níveis metafísicos", ou seja, de níveis de realidades distintas. Se não há nenhuma razão para privilegiar uma porção do espaço considerando que ela segue regras distintas de outra, parece que também não há motivo que permita isolar, da mesma maneira, um momento na série de acontecimentos naturais. No entanto, a natureza admite realmente alguns efeitos de escala tais que determinados fenômenos só aparecem, por exemplo, no nível macroscópico; esse é, em particular, o caso das propriedades sensíveis. Os átomos em si mesmos não têm forma, nem cor, nem odor. Essas qualidades emergem da disposição recíproca entre elas e da maneira como os eflúvios são recebidos por quem experimenta a sensação:

> Em primeiro lugar, a extrema pequenez, os movimentos, a forma, a ordem, enfim, a posição desses corpos, eis o que conta para formar a sensibilidade. (DRN, II, 894-896)

Epicuro segue, portanto, em parte, a lição de Demócrito, visto que as qualidades sensíveis, enquanto propriedades dos compostos, nem por isso são propriedades dos elementos desses compostos. Porém, não significa absolutamente que um dos patamares assim diferenciado tenha mais ou menos realidade que os outros; no plano ontológico, esses níveis são estritamente equivalentes. Caso contrário, como é que Epicuro poderia afirmar, com tamanha força, a verdade das sensações? Como poderia evitar o obstáculo do ceticismo que o filósofo de Abdera teve de enfrentar?

A questão do reducionismo epicurista permanece aberta, sem que haja verdadeiramente a possibilidade de encontrar uma solução definitiva, tanto mais que ela resulta dos próprios fundamentos da escola do Jardim. Pelo fato de ser efetivamente reducionista, implica que Epicuro possa propor uma ética do prazer coerente e eficaz; no entanto, o próprio método que ele utiliza para fundamentar essa ética — a saber, um empirismo radical — torna impraticável que ele se restrinja a levar em consideração os embasamentos atômicos da natureza e fornece um estatuto ontológico bastante sólido aos fenômenos de "superfície", ou seja, a sensação e a expressão do livre-arbítrio.

O que será possível adotar desse "método empírico", que constitui, como tentamos demonstrar, a essência do naturalismo epicurista? Antes de mais nada, o seu enraizamento na sensação que é o primeiro momento do saber e condiciona inteiramente a possibilidade de explicar a natureza. E, por meio desse enraizamento, a profundidade do dogmatismo epicurista que anula a distinção entre aparência e realidade pela afirmação da natureza *criterial* da sensação, além de remover definitivamente o ceticismo do campo das possibilidades filosóficas. A hipótese do simulacro, que propõe uma continuidade absoluta entre a própria coisa e o fenômeno, convida-nos a ler o mundo em um plano horizontal. As sensações em que estamos imersos devem carregar nossa mente e sustentá-la sem a mínima hesitação, se não quisermos ser os joguetes de fantasmas e de mitos.

Gilles Deleuze, ao considerar assim o simulacro e, de forma mais geral, a física epicurista como um formidável empreendimento de "desmitificação", conecta esse poder da sensação à questão clássica do "falso infinito". Na filosofia antiga, desde Platão, associa-se o devir a um não ser, uma ilusão angustiante e desmesurada que perturba a mente porque esta não consegue captá-la e compreendê-la no contexto de um pensamento racional. Esse "devir-louco"[14] é tanto o movimento, o fluxo do tempo, quanto a mudança, inclusive a alteridade compreendida como diferença.

Quando os simulacros são apenas fantasmas, ou seja, imagens destacadas de um suporte material e ocasiões de

---

14. G. Deleuze, "Première série de paradoxes du pur devenir", in: *Logique du sens*, Paris, Minuit, 1969, p. 9. [Ed. bras.: "Primeira série de paradoxos: do puro devir", in: *Lógica do sentido*, trad. Luiz Roberto Salinas Fortes, São Paulo, Perspectiva/Edusp, 1974, p. 1, col. Estudos, 35.]

ilusão, ou então séries de imagens percebidas falsamente como infinitas, podem gerar uma angústia semelhante àquela que surge da apreensão pela mente da existência do "falso" ou "mau" infinito. É o que acontece com Lucrécio na experiência amorosa, quando a imagem do objeto amado toma o lugar da realidade desse objeto e nos faz perder o senso comum:

> Em virtude de sua rapidez que os leva a serem e agirem abaixo do mínimo sensível, *os simulacros produzem a miragem de um falso infinito nas imagens que formam* e promovem o surgimento da dupla ilusão — a saber, a capacidade infinita de prazeres e a possibilidade infinita de tormentos —, mistura de avidez e de angústia, de cupidez e de culpabilidade, tão característica do homem religioso.[15]

A *fisiologia*, a explicação da natureza que reconduz o simulacro à sua verdadeira definição, ou seja, que nos permite distinguir o efeito produzido em nós — a sensação, única e apropriada a um sujeito, da realidade que provoca esse efeito, a série ilimitada de películas atômicas —, liberta-nos dessa ilusão detestável, permitindo-nos ter acesso a um nível de desejo desmitificado.

Aquele que propõe, no livro *Lógica do sentido*, essa explicação do simulacro epicurista é um pensador do devir como tal, enquanto instrumento de análise e de conceitualização da experiência singular. O devir deleuziano está associado estreitamente à noção de desejo — e, por esse viés, Deleuze se apropria do simulacro epicurista, ao passo que Lucrécio o levou a desempenhar um papel cardinal

---

15. G. Deleuze, "Simulacre et philosophie antique — II. Lucrèce et le simulacre", ibidem, p. 321. [Ed. bras.: "Simulacro e filosofia antiga — 2. Lucrécio e o simulacro", ibidem, p. 284.]

em sua análise do desejo. No entanto, o desejo abordado por Lucrécio, fonte de tristeza e de angústia, nada tem a ver com a vitalidade da "máquina desejante" de Deleuze, visto que, para ele, não é o fim do desejo (a posse do objeto cobiçado) que o determina, mas o próprio processo que o constitui, processo de produção em devir que se resigna a ser interrompido, mas não a ser contrariado em sua plena satisfação.

Nesse sentido, o desejo mencionado por Lucrécio e que ele associa à interpretação equivocada dos simulacros amorosos é um exemplo perfeito de uma representação errônea do desejo, tributária da rejeição tradicional do devir, da qual Deleuze procura desvincular-se totalmente. Em compensação, a teoria epicurista do simulacro tem o grande mérito de evitar o confinamento da definição relativa ao desejo na definição de uma faculdade própria de um sujeito, considerando-o, pelo contrário, como produto de um encontro, de um relacionamento do sujeito com o exterior — encontro de um elemento [*surface*] com outro e, por esse encontro, produção de uma interface que constitui o desejo como tal. Epicuro e Lucrécio propõem, assim, graças à hipótese do simulacro, uma teoria dessubjetivante do desejo, que o descentra, extirpando-o de seu núcleo tradicional; desse modo, eles abrem pistas estimulantes para refundar tal conceito.

V
Por que o epicurismo é motivo de escândalo?

5.1. *O estatuto dos deuses*

A questão do ateísmo de Epicuro

Epicuro seria ateu? Desde a fundação das primeiras comunidades epicuristas em Mitilene e Lâmpsaco, a nova doutrina é acusada de professar teses escandalosas, próximas do ateísmo. É verdade que alguns dogmas epicuristas podem dar motivo a tal suspeita. Se levarmos em consideração, por exemplo, o *tetrafármaco*, é absolutamente tentador interpretar nesse sentido a ideia de que "os deuses não devem ser temidos"; seria efetivamente ridículo ter medo do que não existe. É sabido, além disso, até que ponto Epicuro lutou contra determinadas práticas religiosas, tais como a adivinhação ou a astrologia. Na *Carta a Heródoto*, a *fisiologia* assume, assim, a tarefa de eliminar da natureza qualquer intervenção divina e de abolir definitivamente a ideia de uma transcendência, cuja ação viesse a explicar os fenômenos tanto terrestres quanto celestes:

Quanto aos fenômenos celestes, não se deve crer que os movimentos, as revoluções, os eclipses, o nascer e o ocaso dos astros e fenômenos similares ocorram por obra ou por disposição presente ou futura de algum ser dotado, ao mesmo tempo, de perfeita beatitude e imortalidade — de fato, interesses de ordem prática, preocupações e sentimentos de cólera e parcialidade não condizem com a beatitude, sendo antes sinais de fraqueza e temor, além de dependência em relação ao próximo. Não se deve também crer que massas de fogo esféricas possuam a beatitude e, ao mesmo tempo, assumam esses movimentos segundo a sua vontade. (CHer. 76-77; DL, X, p. 301)

No entanto, o trecho citado mostra perfeitamente que, apesar de sua aparência bastante singular, a teologia epicurista não oferece nenhum motivo sério para a acusação de ateísmo. Se a *Carta a Heródoto* considera as explicações providencialistas dos fenômenos naturais como algo inútil, não deixa de afirmar que os deuses existem — e a passagem acima fornece inclusive algumas indicações relativamente precisas sobre a sua natureza.

Basta uma simples leitura, mesmo superficial, dos textos de Epicuro para chegar à ideia da presença dos deuses que não são descritos como hipóteses nem como ficções, mas como realidades. A *Carta a Meneceu* afirma, sem equívoco, a sua existência e, a seu respeito, propõe até mesmo uma definição:

> Em primeiro lugar, considerando que a divindade é um ser vivo incorruptível e feliz, de acordo com a noção comum da divindade impressa em nós pela natureza, não lhe atribuas coisa alguma estranha à imortalidade ou incompatível com a felicidade. (CMen. 123; DL, X, p. 311)

Além da existência da divindade, a sua noção é necessariamente verdadeira, visto que se trata de uma "concepção comum", ou seja, de uma prenoção. A existência dos deuses não deve ser, portanto, posta em dúvida, desde que seja considerada de uma maneira atrelada à prenoção relativa aos deuses. É por esse motivo que a *Carta a Heródoto*, imediatamente após a rejeição da teologia astral, impõe uma regra semântica firme acerca do uso do vocabulário tradicionalmente aplicado à divindade:

> Mas, em todos os termos referentes a tais noções, devemos conservar intacta a gravidade majestosa da significação, a fim de que não resultem opiniões contrastantes com tal gravidade; de outra forma, esse contraste produzirá as piores perturbações em nossos espíritos. (CHer. 77; DL, X, p. 301)

Como temos, à nossa disposição, uma prenoção dos deuses, convém utilizá-la com rigor, de acordo com a sua natureza de critério da verdade, e não aviltar os termos que designam a divindade, associando-os a realidades incompatíveis com o conteúdo dessa prenoção.

A associação da crença na existência dos deuses com a sua prenoção é retomada de maneira explícita por Cícero, em *Sobre a natureza dos deuses*:

> Com efeito [é o epicurista Veleio quem fala], [Epicuro] foi o primeiro a compreender que existem deuses ao pensar que a própria natureza imprimiu a noção deles na mente de todos (De Nat. Deor., XVI, 43, p. 31).

Se tentarmos apreender a teologia epicurista em seus detalhes, ela é delicada e complexa: apesar de admitir, sem dificuldade, a existência dos deuses, ela não deixa de negar que eles sejam dotados da maior parte das qualidades que lhes são tradicionalmente atribuídas, justificando o culto que lhes é prestado:

> Os deuses realmente existem: com efeito, o conhecimento de sua existência é manifesto. Mas eles não existem como a maioria das pessoas crê, pois na verdade, elas não os representam coerentemente com o que acreditam que eles sejam. (CMen. 123; DL, X, p. 311)

Quais são as opiniões falsas a propósito dos deuses? Nessa categoria, Epicuro classifica todas aquelas que não estão de acordo com a dignidade de uma divindade descrita como se fosse essencialmente feliz e incorruptível. Entre essas opiniões vêm, em primeiro lugar, os mitos forjados pelos poetas, que atribuem paixões humanas aos deuses, descrevendo-os como coléricos, orgulhosos, traiçoeiros, hipócritas e sempre dispostos a entrarem em conflito com os seres humanos ou com outros deuses. Se essas disposições fossem comprovadas, estariam em contradição com a felicidade inalterável que lhes é associada precisamente pela prenoção relativa à divindade; a felicidade dos deuses vem justamente da sabedoria que os impede não só de intrometer-se em conflitos, mas também de alimentar falsos desejos.

Felicidade e permanência da divindade

A felicidade dos deuses resulta, portanto, de maneira direta, de sua sabedoria, que, por sua vez, é favorecida pela constituição inalterável deles. Os deuses não conhecem o sofrimento, a doença ou a morte; por essa razão, nada chega a confundir o seu juízo, de modo que o seu humor permanece perfeitamente igual. O *corpus* direto epicurista fornece poucos detalhes sobre as razões dessa impassibilidade divina. Seriam eles compostos por átomos particularmente sólidos? Lucrécio descreve o corpo deles "como que um corpo" (cf. De Nat. Deor., XXIV, 68, p. 38); é possível encontrar também, nos fragmentos de um livro de Filodemo — *Sobre a santidade* —, a ideia de que os deuses têm um corpo, mas que não é de carne... Em Cícero e Sêneca, existem breves alusões à existência de "intermundos" que serviriam de morada para os deuses. Apenas um trecho bastante breve e elíptico de *De Rerum Natura* poderia atestar essa ideia:

> É impossível acreditares que a morada dos deuses, as suas sagradas mansões, esteja em qualquer parte do mundo. (DRN, V, 146)

Esses intermundos, sobre os quais o *corpus* é bastante lacônico, poderiam ser concebidos como lugares privilegiados, entre dois mundos, portanto, mais ou menos protegidos de colisões atômicas contínuas — razão complementar que explica a solidez dos corpos divinos. Tal postura não deixa de suscitar duas dificuldades principais: em primeiro lugar, a *Carta a Heródoto* indica muito claramente que nenhum ser vivo pode existir fora de um mundo; em segundo lugar, a existência de tais lugares estaria em contradição com a regra da isonomia. Ora, se os deuses existem, eles devem, à semelhança de qualquer elemento da natureza, submeter-se a suas leis.

Essa é a maior singularidade dos deuses epicuristas, que, não sendo senhores da natureza, pertencem a ela como qualquer outro corpo composto. É nesse sentido que se deve interpretar a expressão de Lucrécio segundo a qual Epicuro nos forneceu a essência "do céu e dos deuses" (DRN, I, 50); ela significa que, contrariamente ao que deixam entender as falsas opiniões sobre os deuses, estes não são em si as razões das coisas; eles encontram-se no âmago da natureza, submetidos às mesmas leis que nós, e a sua relação conosco, portanto, assemelha-se àquela que mantêm com os seres que povoam os outros mundos.

Com tais personagens, encontramo-nos assim nos antípodas dos deuses intervencionistas descritos pela mitologia. Os deuses de Epicuro não dirigem o universo, o qual se organiza por si mesmo, *sponte sua*, sem a intervenção da divindade; eles não exercem nenhum peso sobre o curso das coisas, nem se intrometem nas atividades humanas, e são, para dizer com maior justeza, supremamente inativos — preguiçosos, dirão alguns adversários. Para Epicuro, essa indolência está de acordo, ao mesmo tempo, com a dignidade deles — é aviltante para a majestade divina imaginar deuses em situação de miséria — e com a sua natureza, de tal modo que, por serem perfeitamente felizes, eles estão livres de qualquer necessidade, semelhantes a Marte repousando nos braços de Vênus, tal como Lucrécio descreve em *De Rerum Natura*:

> Por sua natureza absoluta, os deuses
> gozam da imortalidade na paz suprema,
> e estão afastados, bem longe das coisas do nosso mundo:
> sem nenhum sofrimento, nem perigo,
> apoiados em seus próprios recursos, sem nenhuma necessidade de nós,
> eles são insensíveis aos favores e inacessíveis à ira.
> (DRN, I, 646-651)

Os deuses de Epicuro não têm, portanto, nada a ver com aqueles da religião tradicional — que, segundo é sobejamente conhecido, desempenha na Grécia um papel político e social estruturante. Os deuses, e os cultos em sua honra, participam da identidade das *cités*; além disso, as cerimônias religiosas dão o ritmo do ano civil e acompanham todos os acontecimentos públicos. Desde o lamentável precedente do processo de Sócrates, pode ocorrer que os filósofos se indaguem sobre a natureza dos deuses e de sua compatibilidade com as exigências da razão, mas não é usual questionar a legitimidade dos cultos e dos rituais. É sem dúvida essa estranheza dos deuses epicuristas que, por incompreensão ou má-fé, está na origem das acusações desferidas contra Epicuro; desse modo, considerando que os seus deuses nada têm a ver com aqueles que povoam o panteão tradicional, ele será, na pior das hipóteses, um ateu e, no mínimo, um ímpio.

Para Epicuro, os deuses não intervêm no nosso mundo; é, portanto, absurdo tanto dirigir-lhes súplicas quanto imputar-lhes seja lá o que for. Eles são absolutamente inativos e nada têm, em sentido próprio, a ver conosco. A atitude do sábio para com os deuses vai, portanto, na direção oposta das injunções habituais da devoção religiosa; com efeito, o sábio não tem nenhuma relação com os deuses, a não ser a distância respeitosa exigida por sua dignidade. Ora, esse distanciamento é dificilmente compatível com as exigências do culto público — exigências que se justificam pela crença em uma intervenção dos deuses na vida humana.

Epicuro e a religiosidade[1]

O ponto desconcertante, e que aparentemente impede de se dar mais crédito à acusação de menosprezo pela religião que à acusação de ateísmo, é que Epicuro, além de não se

---

1. No original, *piété*: devoção, sentimento religioso, e, por extensão, amor pelos pais, respeito pelos mortos. De acordo com o dicionário *Le Petit Robert*, esse termo (do latim *pietas*) é confundido frequentemente com outro vocábulo francês, *pitié*: piedade, dó, compaixão. Cf. também M. H. R. Pereira, *Estudos de história da cultura clássica* (II vol. — *Cultura romana*), 3. ed., Lisboa, Fundação Calouste Gulbenkian, 2002, p. 326--327, col. Manuais Universitários. [N.T.]

descuidar de cumprir os seus deveres religiosos[2], tornou tal observância regra de comportamento do sábio. O epicurista Filodemo de Gadara, em seu livro *Sobre a piedade*, escreve que Epicuro "observava fielmente todas as formas de culto e exigia que seus amigos as cumprissem por respeito não somente às leis, mas também à natureza das coisas".[3] A sequência do texto desenvolve essa ideia e insiste sobre essa dupla necessidade: o respeito que devemos aos deuses é a consequência tanto de sua natureza superior quanto da obrigação que temos de nos conformar às leis da *cité*.

Assim, o sábio, além de ter "crenças puras e sagradas sobre os deuses, compreendeu que a natureza deles é sublime e majestosa. Nas festas públicas, ele apreende a verdadeira noção a seu respeito..."[4]

O problema é que essas celebrações oficiais são efetivamente gestos de oferenda e de súplica; é, portanto, bastante difícil encontrar uma coerência nessa participação do sábio no culto público. Tal dificuldade é sublinhada por Cícero:

> A piedade é o cumprimento dos deveres para com os deuses; e que obrigação temos nós com eles, dado que nada há em comum entre o homem e deus? A observância religiosa é a ciência que incide sobre o culto aos deuses; mas não compreendo por que motivo deveríamos lhes prestar culto se não recebemos, nem esperamos receber, nenhum benefício deles! (De Nat. Deor., XLI, 116, p. 53).

É fácil adivinhar a consequência dessa crítica: se os epicuristas não são ateus nem abertamente ímpios, é,

---

2. "Sua piedade para com os deuses e seu apego à pátria não podem ser descritos com palavras" (DL, X, 10, p. 285).
3. Filodemo, *Sobre a piedade*, 26, 730-737.
4. Ibidem, 27, 759-770.

portanto, porque são hipócritas. Gassendi resumiu assim essa consequência em seu livro *Vie et mœurs d'Epicure*:

> Embora Epicuro pareça ter prestado culto aos deuses, ele é estigmatizado por essa espécie de menosprezo pela religião que é a hipocrisia, ou seja, a simulação. A esse respeito, eis uma passagem de Plutarco: "Ele simula preces e gestos de adoração sem fazer o menor uso disso, mas por medo da multidão, além de pronunciar palavras contrárias àquelas que ele expunha ao filosofar."[5]

Também nesse aspecto, e à semelhança do que se passa com frequência, trata-se de uma compreensão equivocada do próprio vocabulário de Epicuro, o qual, na realidade, limita-se de seu ponto de vista a aplicar literalmente a definição da piedade evocada por Cícero. Se ser piedoso, como afirma esse filósofo latino, é "prestar justiça aos deuses" — ou seja, agir em relação a eles como "convém" —, a religiosidade consiste então para Epicuro não em uma aproximação, mas, pelo contrário, em um distanciamento do ser humano em relação aos deuses. A prenoção dos deuses ensina-nos que estes nada têm a ver conosco; respeitá-los equivale a apreender a natureza deles de maneira correta. Se essa natureza é a de seres que, por sua própria localização geográfica, mantêm-se a distância de nosso mundo, qualquer tentativa de aproximá-los deste se torna sacrílega. Nesse sentido, de acordo com as palavras de Lucrécio, Epicuro liberta-nos da religião no exato sentido de que ele retira desta a sua natureza de ligação entre os seres humanos e os deuses:

---

5. P. Gassendi, op. cit., 2001, IV, 1 [cf. Indicações bibliográficas — C. Monografias e artigos sobre o epicurismo — I. A escola de Epicuro (N.T.)]. A citação de Plutarco é extraída de *Adversus Colotem*, 1102 B (panfleto dirigido contra Colotes, discípulo de Epicuro).

Vencedor, ele volta para nos dizer o que pode nascer,
ou não, porque enfim é atribuído a cada coisa
um poder limitado, uma barreira imutável.
E, assim, a religião é, por sua vez, derrubada,
pisoteada, vitória que nos eleva até os céus. (DRN, I,
75-79)

A religião compreendida erroneamente acaba por nos acorrentar ao além; nesse sentido, ela nos impede de viver aqui e agora, atrapalhando-nos também quando desejamos apreender corretamente a divindade. O culto prestado aos deuses é, para o sábio, uma oportunidade para reconhecer e afirmar a magnificência da natureza divina, mas também uma atividade para estabelecer uma relação; a única diferença com a teologia tradicional é que, para Epicuro, o vínculo criado pelo culto não é um laço de ser humano a deus, mas de ser humano a ser humano.

Enquanto a religião congrega os habitantes da mesma *cité* sob uma só lei, enquanto lhes faz lembrar o seu pertencimento comum a um Estado, ela como atividade pública é uma coisa boa, da qual se deve participar. Por outro lado, pelo seu exercício, é estritamente impossível entrar em contato com qualquer divindade. O sentido do menosprezo pela religião é então invertido: tal menosprezo consiste, para Epicuro, em criar relações nos espaços em que elas são inexistentes, mediante uma tentativa absurda de justificação de nossos próprios erros. O exemplo escolhido por Lucrécio para ilustrar essa ideia é o do sacrifício de Ifigênia[6], monstruoso e imbecil, que manifesta de maneira

---

6. Páris, filho do rei troiano, Príamo, rapta Helena, mulher do rei grego, Menelau, e desencadeia assim a Guerra de Troia, narrada por Homero na *Ilíada*. Ao lado do irmão Menelau, Agamenon ajuda-o a reunir um exército, em Áulis, com o objetivo de fazer o cerco de Troia; mas essas tropas tiveram de esperar desesperadamente, durante longos meses, a chegada de um vento favorável para o embarque. Na realidade, os

evidente como a religião compreendida equivocadamente oblitera as relações reais entre os indivíduos, substituindo-as pela ilusão de uma relação com a divindade:

> Levantada por mãos de homens, ela foi arrastada,
> toda a tremer,
> ao altar, não para realizar os ritos solenes
> e acompanhar o canto claro do himeneu,
> mas virgem sagrada, ó sacrilégio, na hora das núpcias,
> sucumbir, triste vítima imolada pelo pai. (DRN, I, 95-99)

O vínculo de amor entre Ifigênia e o pai, Agamenon, e também aquele que, unindo os esposos, favorece a permanência da sociedade, essas duas relações naturais são abolidas no momento em que o pai se torna sacerdote e sacrifica a moça, em vez de permitir-lhe a fundação de um lar. Semelhante sacrifício, em vez de obedecer aos "pactos da natureza", acaba por transgredi-los. A religião torna-se criminosa no momento em que já não deixa que a sociedade desempenhe o papel que a própria natureza lhe atribui — a saber, facilitar a proteção dos indivíduos e garantir-lhes uma forma de segurança superior àquela que eles teriam conhecido fora de qualquer agrupamento humano; pelo contrário, uma prática racional da piedade, enquanto componente do vínculo social, fortalece essa segurança ao consolidar as relações que unem os membros do mesmo grupo.

---

ventos são retidos pela deusa Ártemis; o adivinho Calcas anuncia que só o sacrifício de Ifigênia, filha de Agamenon, levará a deusa a mudar de opinião. Com a morte na alma, Agamenon resigna-se a aceitar tal oráculo e acaba sacrificando a filha, que tinha se dirigido a Áulis atraída pela promessa paterna de promover seu casamento com o herói Aquiles.

Nesse sentido, vê-se perfeitamente que a concepção epicurista da piedade nada tem de hipócrita, mas é sobretudo a consequência lógica da compreensão proposta por Epicuro tanto das estruturas sociais quanto da divindade. Resta saber se essa famosa prenoção dos deuses, que subentende em sua totalidade a teologia de Epicuro e, supostamente, assegura a sua validade, é assim tão clara para nós quanto ela o é para os epicuristas.

A prenoção dos deuses e suas dificuldades

De fato, o conhecimento da natureza dos deuses suscita, na economia do sistema epicurista, dificuldades bastante consideráveis. A prenoção dos deuses é um caso bem particular, na medida em que não temos nenhuma apreensão direta de seu objeto. A experiência que nos fornece acesso ao âmbito divino nunca é uma experiência direta. No entanto, essa prenoção tem um conteúdo bem delimitado: por seu intermédio, sabemos que os deuses são eternos e felizes, além de ter forma humana. Este último ponto — como é indicado pelo epicurista Veleio no livro de Cícero — é assinalado pelos sentidos e, ao mesmo tempo, confirmado pelo raciocínio:

> A respeito da forma divina, em parte a natureza sugere e, em parte, a razão ensina. Com efeito, a natureza não nos faz conhecer, a nós todos, seres humanos de todos os povos, nenhuma outra aparência de deus, senão a forma humana; de fato, qual outra forma aparece, alguma vez, a alguém acordado ou dormindo? Mas, para evitar que tudo seja reduzido às primeiras noções, eu diria que a própria razão dá a conhecer isso. Pois parece haver acordo em que uma natureza perfeitíssima, por ser feliz ou eterna, seja também a mais bela; ora, qual

proporção de membros, qual harmonia de feições, qual aspecto, qual aparência pode ser mais bela que a do ser humano? (De Nat. Deor., XVIII, 46-47, p. 32)

Nesse mesmo poema, porém, é especificado que os deuses têm não um corpo nem sangue, mas *como que um corpo* e *como se fosse sangue* (cf. De Nat. Deor., XXIV, 68, p. 38) — o que é importante para serem imortais. A explicação metodológica desse fato curioso é a seguinte:

> Epicuro, além de ver com o intelecto coisas obscuras e profundamente escondidas, e conseguindo quase extirpá-las com a mão, ensina que a força e a natureza dos deuses são discernidas primeiramente não pelos sentidos, mas pela mente, e não como algo material ou singular, mas como aquilo que ele próprio designa, por causa de sua consistência, como *sterêmnia* [sólidos]; mas, uma vez percebidas as imagens em sua semelhança e sucessão — visto que uma série infinita de imagens muito parecidas provenha de átomos inumeráveis e aflua em direção a eles —, nossa inteligência, tendo fixado o olhar na imagem deles com a maior volúpia possível, compreende o que eles são e que a sua natureza é feliz e eterna. (De Nat. Deor., XIX. p. 32)[7]

Esse texto de Cícero suscita uma importante dificuldade filológica. De fato, a tradição manuscrita parece impor um sentido aberrante, visto que convida a ler que as impressões que constituem a prenoção dos deuses afluem "em direção

---

7. Em uma nota bastante esclarecedora da edição de Pease, é possível encontrar algumas considerações sobre as consequências epistemológicas e físicas das diferentes leituras possíveis para esse texto (A. S. Pease, *Tulli Ciceronis De natura deorum*, Cambridge, Harvard University Press, 1955, p. 321, t. I).

a eles" (*ad eos*), ao passo que o bom senso convidaria a compreender que essas impressões vão, de preferência, "na direção de nós" (*ad nos*), que possuímos essa prenoção. Numerosos são os leitores que tentaram corrigir assim o texto a fim de interpretá-lo mais facilmente.

Assim emendada, essa passagem de *Sobre a natureza dos deuses* parece convidar-nos a aplicar o princípio de isonomia ao mecanismo de formação da prolepse: a infinidade das impressões dos deuses deve estar em equilíbrio com outra infinidade, que é a das impressões dos mortais. Esse equilíbrio é que permitiria garantir a veracidade da prenoção dos deuses quando, afinal, não possuímos o fiador sensível que dá a possibilidade de avaliá-la. A respeito dos deuses, percebemos apenas a imagem deles e somos obrigados a pensá-los a partir do modelo dessa imagem. Esse modelo, porém, seria correto por duas razões: porque ele é constituído por um número suficiente de impressões sensíveis e porque o prazer proporcionado por essa visão dos simulacros divinos é em si um sinal importante da exatidão desses simulacros.

Outros comentaristas procuraram conservar a leitura manuscrita mais corrente e manter a ideia de que as impressões não afluem "em nossa direção", mas em direção aos deuses. Essa leitura levou-os a retornar, de maneira bastante surpreendente, à hipótese eliminada no começo deste capítulo: a do ateísmo de Epicuro. Os deuses epicuristas seriam imagens, formadas pelos próprios seres humanos, projeções de nossa própria concepção da perfeição. Essas imagens, enquanto modelos da vida feliz conhecidos por todos, desempenhariam um papel ético fundamental. Essa leitura apoia-se nas diferentes passagens do *corpus* epicurista em que a vida do sábio é assimilada a uma vida divina, já que a sua independência (*autarkeia*) o coloca fora das vicissitudes do destino e, portanto, fora do tempo:

Medita, portanto, sobre esses ensinamentos e outras coisas afins, dia e noite, por ti mesmo e com companheiros semelhantes a ti, e nunca serás perturbado, seja no estado de vigília ou adormecido, mas viverás como um deus entre os homens. Com efeito, o ser humano que vive entre bens imortais não se assemelha absolutamente a uma criatura mortal. (CMen. 135; DL, X, p. 314)

O sábio é semelhante a um deus por ter a felicidade e a imortalidade de deus. A sua felicidade já não está submetida ao tempo porque ele domina o que é fugaz por excelência: o prazer. A hipótese é sedutora e manifesta uma notável modernidade; mas ela não pode abandonar o estatuto de hipótese pelo fato de estar apoiada diretamente apenas nessas duas palavrinhas duvidosas do texto de Cícero, as quais terão de enfrentar sempre a oposição da abundância de trechos em que Epicuro afirma pessoalmente a existência dos deuses.

5.2. O elogio do "fácil" e a rejeição da paideia

Epicuro, o autodidata

"Fui o meu próprio ouvinte", declarava Epicuro, significando com isso, além de sua recusa a ser associado — e reduzido? — a um predecessor qualquer, por mais prestigioso que tivesse sido, a exigência nova da filosofia epicurista. Com efeito, o devir epicurista consiste em uma conversão radical do homem, que exige um envolvimento total de sua pessoa. Essa decisão filosófica implica a renúncia a uma relação, passiva e indolente, com o saber; aliás, trata-se precisamente daquela que é valorizada por uma *paideia*, ou seja, uma educação liberal, tal como era concebida na Antiguidade.

Dois casos curiosos, ambos relatados por Sexto Empírico, ilustram essa renúncia. O primeiro conta que o jovem Epicuro deixou com estrépito o seu mestre de gramática no dia em que ele não conseguiu explicar-lhe o sentido de um verso de Hesíodo:

> Alguns dizem que essa é a causa do entusiasmo de Epicuro pela filosofia. Com efeito, quando ele ainda era jovem, ao ouvir o comentário do professor de gramática ao verso "Então, antes de todos, foi gerado o Caos", ele perguntou-lhe o que teria dado origem ao Caos se este havia sido o primeiro a ser gerado. Diante da resposta do mestre que não lhe competia ensinar tais coisas, mas que essa era a função daqueles que se chamam filósofos, Epicuro teria afirmado: "Nesse caso, tenho de juntar-me a eles, uma vez que conhecem a verdade das coisas."[8]

O segundo caso descreve os termos bastante grosseiros utilizados propositalmente por Epicuro para falar de seu primeiro mestre, Nausífanes:

> Ele atribui a Nausífanes o apelido de "medusa" porque este é insensível. E novamente, em seguida, após ter contado em detalhes muitas coisas sobre o homem, [Epicuro] faz alusão a seu nível nas disciplinas de ensino: "Ele era verdadeiramente um homem de pouco valor, dedicando-se a assuntos que não permitem chegar à sabedoria."[9]

---

8. Sexto Empírico, *Adversus Mathematicos* X, *Contra os físicos* IV, 18.
9. Ibidem I, 3; Us. 114.

Nos dois casos, trata-se, para Epicuro, de afirmar a sua independência de espírito e, ao mesmo tempo, de renegar os canais tradicionais de transmissão do saber. A autodidaxia, no sentido de que favorece uma aprendizagem direta, garante, com efeito, uma relação com o conhecimento que será verdadeiramente filosófica, ou seja, relação de apropriação pessoal e não de simples assimilação e digestão. Ela é também uma das manifestações exteriores da sabedoria, visto que esta tem como característica principal o fato de assegurar ao sábio uma perfeita *autarkeia*, ou seja, uma independência moral que lhe garante uma perfeita liberdade e estabilidade de humor. Essa autarcia do sábio não depende apenas, como se diz com frequência, de uma independência em relação às necessidades físicas, mas é da mesma forma independência do pensamento que experimenta uma fruição perfeita em apreender a verdade da natureza, uma vez que tiverem sido dissipados os falsos temores e as opiniões vazias.

Mas a reivindicação de autodidaxia tem igualmente a finalidade de remover do campo da filosofia o conjunto de disciplinas que constituem a matéria habitual do ensino, as quais se assemelham, para os epicuristas, a saberes nocivos. A *paideia*, ou cultura geral, que reservava efetivamente, no período helenístico, uma parte considerável para as artes e para os conhecimentos especializados — tais como a retórica, a música, a poesia ou a geometria —, é rechaçada com horror por Epicuro.

Assim, nesta *Sentença vaticana*, lê-se o seguinte:

> O estudo da natureza não forma fanfarrões, nem tagarelas habilidosos, nem exibidores de uma cultura [*paideia*] que impressiona o vulgo, mas caracteres firmes e independentes, que se orgulham dos bens que lhes são próprios e não daqueles provenientes das circunstâncias. (SV 45)

A *paideia* — na medida em que não contribui, de modo algum, para o conhecimento da natureza, que é o único capaz de proporcionar a felicidade — e os saberes de que ela é composta não têm nenhuma utilidade; mas, uma vez que reservamos para essa mesma *paideia* uma parte não negligenciável do tempo da existência — tempo, no entanto, limitado —, ela torna-se um obstáculo para o estudo da *fisiologia* e, além de ser inútil, é absolutamente nociva. A cultura liberal é, portanto, algo contrastante e, ao mesmo tempo, um inimigo. Numerosos textos de Epicuro opõem, assim, diretamente cultura e filosofia, à semelhança deste fragmento de uma carta ao jovem Apeles:

> Considero-te feliz, Apeles; com efeito, ilibado de toda a cultura, avançaste em direção à filosofia. (Us. 117)

A verdadeira formação filosófica, consistindo essencialmente em aprendizagem e rememoração da doutrina epicurista, deve ser preferida à *paideia*. Tal aprendizado apoia-se em resumos (*epitomai*), mais ou menos longos, compostos pelo próprio Epicuro e destinados a serem memorizados. Eis o que mostra perfeitamente que, para Epicuro, a prática da filosofia não é considerada como uma prática de pura erudição. A sabedoria de um indivíduo não depende do seu domínio, mais ou menos apurado, da totalidade da física epicurista, mas precisamente do grau de assimilação daquilo que constitui o cerne da doutrina, a saber, as quatro proposições do *tetrafármaco*. Aliás, a conclusão da *Carta a Heródoto*, pequeno compêndio de física, apresenta esta promessa:

> Assim, se esta exposição for memorizada cuidadosamente e produzir efeito, creio que qualquer pessoa, seja ela quem for, embora não penetre em todos os detalhes mínimos, conquistará uma segurança incomparavelmente

forte em relação ao resto da humanidade. (CHer. 83; DL, X, p. 302)

Epicuro acusado de ignorância

Os adversários de Epicuro atribuíram bem rapidamente essa rejeição violenta da cultura à ignorância do filósofo — o qual teria tentado, desse modo, dar uma aparência de dignidade a seu pedantismo. Tal crença era alimentada pela reputação de futilidade da doutrina epicurista, visto que, segundo o comentário de Cícero, "é brincadeira de criança aprender perfeitamente a sua filosofia" (De Fin. I, 8, p. 13). Aliás, Cícero é, às vezes, bastante cruel em suas descrições dos discípulos de Epicuro, considerados como crédulos esforçados e simplórios, dotados de boa memória. O que é uma forma de ignorar a verdadeira intenção do filósofo do Jardim: o ódio à *paideia* nada tem a ver com a misologia e não deveria ser confundida com uma aversão ao saber — tampouco com um menosprezo pelas artes.

Outros textos dão testemunho de que Epicuro e seus discípulos não eram insensíveis à beleza da poesia, à inspiração da retórica ou, até mesmo, às alegrias da diversão teatral. O epicurista Filodemo de Gadara é, assim, o autor dos livros *Sobre a música*, *Sobre a retórica*, *Sobre os poemas*, nos quais propõe regras para um uso compatível dessas artes com a prática da filosofia. No tocante ao próprio Epicuro, um trecho do tratado perdido *Peri Telos*, recopiado por Cícero, insiste sobre a participação atribuída às belas-artes na busca da felicidade:

> Quanto a mim, não vejo o que eu poderia entender pelo soberano bem, fazendo abstração dos prazeres proporcionados pelo gosto, pelas coisas do amor e pela audição de cânticos, fazendo abstração também das

sensações agradáveis que as manifestações da beleza proporcionam a nossos olhos e, de maneira geral, de todos os prazeres que, no ser humano inteiro, são produzidos por qualquer sentido...[10]

Ainda em Cícero, é possível encontrar numerosos exemplos de defensores ferrenhos de Epicuro que são também excelentes letrados, tais como Tito Mânlio Torquato, cuja apresentação é feita por Cícero em sua obra *De Finibus Bonorum et Malorum*. Torquato vai defender o seu mestre, mesmo que ele não se sinta absolutamente obrigado pela doutrina epicurista a abandonar os estudos literários:

> Se esse filósofo te parece pouco erudito é porque ele não julgou útil senão a erudição que pudesse aumentar a felicidade da vida. Haveria de perder tempo, como estamos fazendo, ao teu conselho, Triário e eu, em revolver os poetas dos quais não se extrai nenhuma utilidade sólida e só um deleite pueril, ou teria sido levado, como Platão, a ocupar o seu tempo com a música, a geometria, a aritmética, a astronomia, ou seja, com artes que, partindo de princípios falsos, não podem ser verdadeiras e que, embora o fossem, não conteriam nada de útil para tornar a vida mais agradável e melhor? (De Fin. I, 21, p. 30)

Quanto à reputação de futilidade da doutrina, os discípulos de Epicuro comprazem-se a interpretá-la como uma prova de sua evidência e clareza. O epicurismo pretende ser, desde o começo, uma filosofia popular no sentido nobre do termo — ou seja, dirigida a qualquer ser humano, ensinada fora dos circuitos tradicionais da transmissão e fundada no respeito pela sensação e pelo senso comum.

---

10. *Tusculanae Quaestiones* [Discussões tusculanas] III, 41.

O epicurismo é uma doutrina que não cultiva o gosto pelo paradoxo, mas, pelo contrário, não hesita em apoiar-se na opinião comum quando esta se revela mais próxima da verdade natural.

Um dos escolarcas do Jardim, Polístrato, é o autor de um tratado com título eloquente — *Sobre o desprezo irracional das opiniões da multidão* (PHerc. 336/1150) — no qual ele fustiga, entre outros autores, aqueles que utilizam os recursos da dialética para manipular a opinião e afastá-la do senso comum; o que não significa, ainda nesse aspecto, que Epicuro tenha renunciado a qualquer pretensão de complexidade e sutileza. Em *Sobre a natureza dos deuses*, o epicurista Veleio ironiza assim a capacidade de seus ouvintes para apreenderem, em toda a sua complexidade, a teologia de Epicuro:

> E embora essas distinções tenham sido descobertas de forma engenhosa demais e expressas por Epicuro de modo muito sutil para serem compreendidas por qualquer um, confio na vossa inteligência para explaná-las mais brevemente do que a questão exige. (De Nat. Deor., XIX, p. 32)

O que Epicuro rejeita de fato é que determinadas atividades intelectuais tenham a pretensão de se efetuar de maneira autônoma, fazendo abstração de sua utilidade ética. A pregnância da *paideia* na formação intelectual dos jovens gregos é, na realidade, resultado de uma perversão da natureza humana, pela qual os indivíduos, tendo perdido a noção de sua verdadeira natureza, condicionam-se a si mesmos visando uma dinâmica social que só pode causar a sua infelicidade. De que servem os ensinamentos de poética, retórica, música senão para brilhar entre a multidão, para perseguir as honras e os cargos políticos? Ora, como já vimos, todas essas disciplinas estavam bem longe de despertar a mínima atenção de Epicuro... De fato, as acusações mais severas serão dirigidas à rainha dessas disciplinas liberais, aquela mesma que ocupa um lugar tão elevado na maior parte dos sistemas filosóficos da Antiguidade: a dialética.

5.3. A crítica da dialética: uma filosofia do "senso comum"

A noção de dialética na Grécia helenística

A dialética é uma noção complexa. Na época helenística, a palavra podia ter dois sentidos concorrentes. O primeiro desses sentidos provém diretamente da herança sofística: trata-se da dialética tal como é praticada, por exemplo, pela escola megárica[11], e cuja orientação é cética, visto que o seu objetivo consiste em colocar a razão em contradição com ela mesma; é uma arte do paradoxo que tem o intuito explícito de desencadear a polêmica. O segundo significado da dialética é formulado pelo próprio Aristóteles, que a torna uma disciplina que permite chegar a conclusões prováveis após a análise de argumentos opostos a respeito da mesma questão. O estagirita procurou demonstrar que, nesse caso, o valor probatório da dialética, embora continue sendo necessariamente menor do que o da demonstração científica, nem por isso é desprezível e a torna um objeto epistemológico recomendável.

O estoicismo recebe o legado dessa ambiguidade. Zenão, o fundador do Pórtico e discípulo dos cínicos, rejeita a dialética como uma arte inútil e nociva, preferindo a

---

11. Escola filosófica — e não sofística, tal como é apresentada com frequência — fundada no século VI a.C. por Euclides de Mégara.

pesquisa ética; no entanto, o seu sucessor, Crisipo, prolongará o caminho aberto por Aristóteles e tentará fazer da dialética uma verdadeira ferramenta filosófica a serviço da elucidação do discurso — um apoio indispensável para as demonstrações. A dialética compreendida desse modo, que se tornou uma propedêutica para o exercício ético, equipara-se seriamente ao que designamos hoje como "lógica". O estatuto da dialética estoica, portanto, há de ganhar consistência de maneira considerável, além de englobar uma grande quantidade de práticas discursivas: arte concisa do *logos*, seja por perguntas e respostas, seja por argumentos simples encadeados e expostos de maneira demonstrativa; estudo rigoroso dos elementos do *logos*, ao mesmo tempo concretos (palavras) e abstratos (semântica e teoria do significado); estudo das diferentes partes do discurso (definições, metáforas, etc.) e das funções cognitivas; além do estudo das regras de verificabilidade dos enunciados. Para os estoicos, a dialética torna-se, muito mais do que um simples *organon*, uma parte importante da filosofia.

É principalmente essa invasão progressiva que irá suscitar contra a dialética os mais violentos ataques epicuristas, que rejeitam uma divisão da filosofia segundo a qual a lógica pudesse constituir um campo autônomo. Para os epicuristas, a lógica, enquanto método da ciência e do pensamento — para retomar uma fórmula kantiana —, não deve se tornar uma disciplina completa. A especialização à qual eles assistem de fora, no interior do Pórtico, parece-lhes ser prejudicial para a prática filosófica:

> Entre aqueles que partiram do pressuposto de que a filosofia era constituída por duas partes, Xenófanes de Cólofon, pelo que se diz, considerava-a composta de física e de lógica, enquanto para Arquelau de Atenas ela era formada pela física e pela ética; e alguns colocam Epicuro

do lado de Arquelau, na medida em que ele rejeita também o estudo da lógica. Outros, porém, disseram que ele não rejeitava a lógica como tal, mas apenas a dos estoicos, de modo que ele poderia ter autorizado, na realidade, a tripartição da filosofia.[12]

Os estoicos pensam que são capazes de manter um uso moderado e metodologicamente orientado da dialética; os epicuristas, por sua vez, estão de todo convencidos de que está na natureza da dialética levar a um desvio cético e que, portanto, ela não poderia ser identificada com um método válido para elaborar reflexões e argumentos. Essa rejeição da lógica estoica acarretará, no interior da escola epicurista, uma desconstrução radical de todos os elementos tradicionais da dialética:

> Agora, na segunda parte da filosofia, que trata das pesquisas e dos raciocínios, designada como "lógica", vosso caro Epicuro, pelo que me parece, está realmente inerme e nu. Ele suprime as definições, nada ensina a respeito da divisão e da distinção em partes, nem indica a maneira como elaborar e concluir eficazmente um raciocínio, tampouco mostra como é possível resolver um sofisma ou dissipar uma ambiguidade. Ele coloca o critério das coisas nas sensações e se, por intermédio das mesmas, o verdadeiro for considerado, uma única vez, como falso, então ele crê, com isso, que desaparece toda e qualquer nota distintiva entre o verdadeiro e o falso. (De Fin. I, 7, p. 10)

Por trás dessa polêmica, está em causa a própria concepção do verdadeiro. Os estoicos, defensores da dialética,

---

12. Sexto Empírico, *Adversus Mathematicos* VII, *Contra os lógicos*, 14-15; Us. 242.

adotam, ao analisar proposições, uma concepção da verdade designada como "verifuncional": a verdade das proposições complexas depende do valor verídico das proposições que a compõem, fazendo abstração do conteúdo dessas proposições. Trata-se de uma concepção formal da verdade, rejeitada com extremo ardor pelos epicuristas. Com efeito, para Epicuro, a estrutura de estabelecimento de relação inferencial é física e não lógica; ela só é convincente se for respaldada por observações concomitantes. A sua eficácia é dada pela experiência e não pelo respeito a um formalismo, por mais preciso que ele seja.

A dialética, uma antiverdade?

Epicuro irá construir a sua crítica a partir do que ele considera um fato comprovado, a saber: a dialética nem sempre conduz ao que é verdadeiro, mas com maior frequência ao que é falso, no sentido de que ela é um instrumento de poder nas mãos dos que pretendem ludibriar os ingênuos. Em um trecho recuperado de *Peri Physeos*, Epicuro dirige uma crítica mais severa contra quem tenta desconstruir dialeticamente um argumento sofista do que contra quem se deixa enganar. Eis um curto excerto desse texto difícil, mas apaixonante:

> Entre as opiniões, algumas não dizem respeito ao campo prático — refiro-me aqui àquelas que não se relacionam com as apreensões empíricas, mas fazem parte da esfera teórica. Tais opiniões serão derrubadas se forem mentirosas ou errôneas, seja pelo fato de sua irracionalidade, seja pelo fato de um raciocínio; ou porque se enuncia a partir delas algum outro enunciado de tipo teórico que seja claramente falso; ou porque, encontrando-se em ligação indireta com o campo prático, elas conduzem a

algo inadmissível. Se nada disso for encontrado, se chegará facilmente à conclusão de que a opinião não é mentirosa. Por isso, será também motivo fácil de zombaria aquele que, ao pretender refutar alguém convencido de que é impossível que a mesma pessoa possua a ciência e não a possua, vier a utilizar para isso o argumento do pai encapuzado, ou qualquer outro da mesma índole. Com efeito, isso não [...]

[...] é o mesmo que, tendo admitido às cegas determinadas conclusões e vendo atualmente sobre o que se fundamenta o que ele havia concluído, esnoba esse sofisma; com efeito, ele não abarcava em suas respostas aquilo que havia sido extirpado disso, a partir de um hábito da língua, de modo que foi possível deduzir daí o seguinte enunciado: "É possível que a mesma pessoa possua a ciência e não a possua", e que isso não tenha sido negado por causa da maneira como o sofista utilizou o argumento.

Por essa razão, qualquer pessoa, começando por defender a tese oposta e não sendo nesse ponto circunspecta como alguns sofistas, não há de acreditar que está submetida a uma refutação de tipo prático. No entanto, ela não verificou que, exceto para casos do gênero dos que são utilizados pelo sofista, é impossível para a mesma pessoa saber e ignorar. Mas aqueles que, de maneira refletida, não compreendem essa diferença são manifestamente ameaçados do mesmo modo que esse outro homem que, por sua vez, nada conseguiu além de ser convencido da aplicação geral desse sofisma...

Faz-se referência, aqui, ao argumento do sofista a quem se atribui a denominação de *pai encapuzado*:

"*Será que conheces quem se aproxima e está encapuzado?* — Não. *(retira-se o véu que cobre Corisco)* — *Conheces este homem? — Sim, é Corisco. — Então, conheces e não conheces o mesmo homem."* Quem se deixa enganar com esse argumento é desculpável; considerando a formulação que lhe é proposta, mesmo que esteja em seu perfeito juízo, ele nada poderá fazer além de cair na armadilha. Enquanto aquele que procura combater o argumento no campo dialético acaba atribuindo ao erístico, com semelhante procedimento, muito mais crédito do que ele merece. Ele é incapaz de se defender com eficácia, mas revela simplesmente que será uma eterna vítima de engano por aceitar combater de maneira inapropriada e em um terreno que, de todo modo, está fora de seu domínio.[13]

Para os epicuristas é, de fato, a própria natureza da linguagem que engendra a maior parte das dificuldades que a dialética pretende resolver; a linguagem só pode servir de veículo, limitando-se a transmitir as questões da filosofia; ela não tem nenhum recurso próprio que lhe permita resolvê-las, mas, sobretudo, acaba por criá-las devido a seus desequilíbrios estruturais. Com efeito, o significado é apenas um acidente do som. A emissão de sons pela humanidade começou historicamente por estar associada a sensações e sentimentos; portanto, a linguagem está relacionada, em primeiro lugar, a algo não exprimível de maneira lógica. Expressão das paixões, ela não está destinada a servir à verdade, mas é "inventada" pela natureza para o intercâmbio de impressões forçosamente diversas, além de desequilibradas do ponto de vista da força e do valor de cada uma delas.

---

13. Epicuro, *Peri Physeos*, XXVIII, 13, col. VIII sq., in: D. Sedley, "The Structure of Epicurus' *On Nature*' Book XXVIII", *Chron. Ercolanesi*, n. 3, p. 89-92, 1973 [cf. Indicações bibliográficas — B. Fontes primárias — 1. Epicuro (N.T.)].

Assim, *por natureza*, existe determinado uso da linguagem que desenvolve e fortalece as ambiguidades, em vez de dissipá-las. A raiz desse mal é profunda; ela tem a ver com uma perversão natural da linguagem que não é estritamente inventada e depurada pelos eruditos, mas que, fruto do uso e da prática comum, está impregnada de opiniões falsas e de confusões do vulgo. A esse desleixo inicial vem opor-se a pseudotecnicidade do vocabulário dos dialéticos que manifestam uma sutileza tal na escolha e no uso das palavras que ela cria novos focos de erros, em vez de dissipar os antigos. Com efeito, o cuidado do dialético não é realmente sanar a língua, mas fazer-se admirar; ele não está a serviço dos conceitos, mas vai utilizá-los como instrumentos em prol de sua reputação.

Como resolver o problema da ambiguidade?

De que forma lutar contra essas ambiguidades se recusamos o socorro das definições e distinções conceituais clássicas? O texto de Epicuro diferencia dois casos em que é possível formular a questão da ambiguidade. Se a confusão pertence a uma noção de natureza prática, encontramo-nos em uma situação simples na qual os critérios éticos poderão ser aplicados — ou seja, depositaremos confiança no "movimento" espontâneo do homem que o impele naturalmente em direção a alguns objetos aprazíveis em detrimento de outros. No campo prático, a distinção entre o falso e o verdadeiro é fácil e imediata; como o critério é comprovado e conhecido, o erro aparece rapidamente sem nenhuma dúvida possível. A verificação sempre pode ocorrer no caso de uma escolha de tipo prático, visto que tal escolha vai acionar quase de imediato a faculdade humana de sentir, portanto, de experimentar prazer ou desprazer. O que se passa, no segundo caso, é totalmente diferente porque a ambiguidade a solucionar é de ordem teórica. O campo teórico é definido de forma negativa como o campo dos objetos inapreensíveis pela experiência. Para resolver a dificuldade, Epicuro começa por explicar como é possível avaliar mesmo assim esse gênero de objetos; e, em seguida, progressivamente, ele vai excluir a própria hipótese da existência de um campo puramente teórico.

Como proceder a uma escolha, quando não há verificação possível, entre várias opiniões de tipo teórico? À semelhança do que ocorre no campo prático, existe no campo teórico um movimento espontâneo que nos conduz ao que é verdadeiro e nos afasta do que é falso, uma espécie de "senso" lógico que leva a recusar o que é sem razão ou "manifestamente" — ou seja, "sensivelmente" — falso. No entanto, o que Epicuro pretende de fato mostrar é o seguinte: qualquer opinião encontra-se, em última instância, "conectada" ao campo prático, na medida em que ela terá necessariamente consequências agradáveis ou desagradáveis.

Há, portanto, duas soluções para o problema suscitado pelas opiniões teóricas, a saber: uma que faz referência ao nosso senso lógico e considera a opinião em si mesma como algo sensível de certo gênero; e outra que identifica a opinião com suas consequências no campo empírico e a observa do ponto de vista de nossa própria sensibilidade, enquanto nós mesmos podemos ser afetados em nossa carne por suas consequências. A tese subjacente é que não chegamos a exprimir gratuitamente uma só opinião, mas somos levados a viver em função daquilo que consideramos como verdadeiro.

Para entender isso, retomemos o exemplo do argumento sofista do *pai encapuzado*. Os argumentos desse tipo funcionam segundo um método de raciocínio científico que se limita a utilizar como prova o que designamos como paradoxos indutivos formais[14]; esses paradoxos enfatizam singularidades e exceções de tipo lógico que contradizem uma regularidade natural aparente. Tais paradoxos são, de alguma forma, o equivalente negativo das técnicas epicuristas de invalidação e de não confirmação que colocam em contradição opiniões e fenômenos, assemelhando-se de preferência a paradoxos indutivos empíricos. Mas, enquanto as invalidações epicuristas são eficazes pelo fato de adotar como critério o testemunho dos sentidos, os paradoxos megarianos são realmente ridículos por serem totalmente contraintuitivos. É absurda a tentativa de fundamentar uma opinião contra o testemunho dos sentidos.

Já houve quem afirmasse que Epicuro rejeita o que venha a se apresentar como a resposta natural para o paradoxo, a saber, uma desconstrução formal pela evidenciação de uma simples "convenção linguística" (os diferentes sentidos atribuídos pela linguagem ao verbo "conhecer") — tal como Aristóteles, por exemplo, põe em prática nas *Refutações sofísticas*.[15] O argumento de Epicuro para rejeitar essa desconstrução formal é surpreendente: ele indica que alguém que se contente com essa explicação seria também um sofista e, não bastasse, um sofista desastrado. O paradoxo megariano vai, de fato, acionar o campo prático em sua totalidade — e Epicuro subentende que somente a acuidade particular do olhar epicurista discerne um desafio fundamental para a vida em uma situação em que os outros se limitam a ver um "jogo de linguagem". Eis o motivo pelo qual se deve estigmatizar quem se contenta também com uma refutação "teórica", já que, assim, ele revela ser incapaz de discernir esse desafio prático que é, no entanto, o mais importante. Ambos, o dialético

---

14. Expressão tomada de empréstimo de D. Sedley (1973), editor desse texto; cf. nota anterior.
15. Refutação do *encapuzado* no cap. 24, 179 a 34 sq.

hábil e a pessoa que se resigne a aceitar o sofisma, estão equivocados.

A solução vislumbrada por Epicuro revela-se, portanto, também "prática" no sentido de que ela deve mostrar como o paradoxo pode obstruir a nossa ação. Então, impõe-se substituir as generalizações de tipo formal, que obrigam a aceitar esse argumento, pelas generalizações de tipo prático que constituem uma espécie de lógica — não menos exata — da vida corrente e da ação, em que o paradoxo megariano deixa de ser possível.

O sofisma do megárico tendia a levar o testemunho da vista a agir contra si mesma: a visão de um homem encapuzado ensina-me que, apesar de vê-lo, não o vejo, e que o que sei, afinal, ignoro o que seja. Vejo realmente algo, mas esse algo é um homem encapuzado, portanto, um mistério, algo desconhecido. O desafio é fundamental. Por uma inferência empírica (segundo a qual se vê perfeitamente que se deve confiar nos sentidos e, em particular, na visão) é que será possível então responder ao sofista que é falso dizer que se pode, ao mesmo tempo, saber e não saber, voltando ao critério da sensação, que é o único que me permite invalidar esse enunciado.

O "raciocínio empírico" (*epilogismos*) utilizado pelos epicuristas funciona, portanto, em qualquer campo, teórico ou prático, ao qual pertence a ambiguidade a resolver. Para um epicurista, qualquer saber científico, até mesmo o mais "sofisticado", ou aquele que incide sobre as realidades mais "ocultas", permanece um saber do empirismo. É efetivamente por esse motivo que a refutação do sofista entra na categoria das refutações "pragmáticas" quando, afinal, o saber do sofista se apresenta com o disfarce do saber teórico. O objetivo dos *epilogismos* consiste em dissipar essas falsas fronteiras, além de mostrar que qualquer sofisma dialético tem sempre uma incidência prática — e é pela análise dessas incidências práticas que se pode dissipá-lo com o máximo de eficácia. Pelo contrário, ao disfarçar um problema prático em problema lógico é que o megárico pode levar o seu adversário a perder o "senso do verdadeiro" no sentido próprio da expressão.

O megárico vive imerso no devaneio de uma realidade de natureza exclusivamente dialética e discursiva, move-se entre abstrações; o sábio, diferentemente, é definido por sua capacidade para fazer com que a ordem das coisas coincida, de maneira exata, com a ordem das palavras; ou, dito de outro modo, pela coerência absoluta de sua postura. Nessa coerência, apresentada como uma virtude filosófica, é que se pode ver o alvo visado por essa crítica epicurista da dialética.

Neste capítulo, tentamos fazer o balanço relativamente à "recepção" de Epicuro e de seus discípulos, além de mostrar o quanto as acusações desferidas contra a doutrina do Jardim refletem, de preferência, os preconceitos ou as lacunas de compreensão de seus críticos, e não tanto uma fragilidade intrínseca do pensamento de Epicuro. O epicurismo é um pensamento de amplitude considerável em todos os sentidos: importante, mas, sobretudo, impregnado de uma maturidade filosófica que lhe permite se desembaraçar, com uma audácia impressionante, de todos os tutores conceituais que parecem ser indispensáveis para os seus contemporâneos, tratando-se das definições tradicionais da divindade, apoiadas em poemas e mitos assimilados por Epicuro a contos para crianças, ou então do peso da cultura "escolar" e, até mesmo, dos instrumentos habituais do discurso dos filósofos profissionais (definições, silogismos e paradoxos dialéticos).

Essa naturalidade e esse menosprezo pela ostentação encontram-se, na época moderna, em uma corrente de pensamento chamada "filosofia do senso comum", conceitualizada no século XVIII pelo filósofo escocês Thomas

Reid (1710-1796).[16] Esse pensador tenta restaurar a razão e, por seu intermédio, o discurso filosófico inteiro diante dos ataques desferidos contra ela pelo idealismo representativo[17], herdeiro direto do empirismo fundado por John Locke (1632-1704) e David Hume (1711-1776). Ele denuncia, nomeadamente, um paradoxo no qual não teremos nenhuma dificuldade em identificar o próprio problema enfrentado por Epicuro: os empiristas — em particular George Berkeley (1685-1753) e Hume —, a partir exatamente daquilo que o senso comum admite mais facilmente, a saber, a identidade entre a experiência e a sensação, instaurando um ceticismo que confina com o absurdo e obrigando-se, por estrita fidelidade ao critério da sensação, a vislumbrar inclusive a inexistência do mundo exterior.

Convém observar que, para além da disparidade profunda dessas duas doutrinas, o epicurismo e a filosofia do senso comum aceitam igualmente a ideia de que a filosofia, pretendendo de algum modo proceder com a maior perfeição possível, acaba professando teses em contradição com a sua intenção primeira — independentemente de tal intenção ser de natureza ética, como em Epicuro, ou epistêmica, como em Reid, para quem o objeto verdadeiro da filosofia consiste em propor uma ciência do intelecto. Para lhe devolver a sua função verdadeira e, assim, restaurar o seu valor, convém desembaraçar a filosofia do aparato

---

16. Fundador da Scottish School of Common Sense [Escola Escocesa do Senso Comum] e figura importante do Iluminismo em seu país, ele é autor da obra *An Inquiry into the Human Mind on the Principles of Common Sense* [Investigação sobre o entendimento humano segundo os princípios do senso comum] (1764).

17. O *realismo indireto*, ou idealismo representativo, defende que nada possuímos além das representações do mundo exterior e, por conseguinte, que o mundo não existe fora da mente; por sua vez, o *realismo direto* afirma que os sentidos nos fornecem um acesso direto ao mundo exterior.

de que ela está sobrecarregada, que obscurece e dispersa os seus propósitos, além de torná-la inadequada e nociva. Essa reabilitação passa por uma refundação da linguagem e por uma atenção particular prestada às ciladas da dialética, às obscuridades criadas por um uso pervertido e às confusões metafóricas que fazem perdurar os distúrbios na linguagem. O destino dessa problemática é considerável, visto que ela se encontra, muito mais tarde, sob uma forma ligeiramente diferente nos trabalhos do Círculo de Viena[18] e, em particular, nos escritos de Wittgenstein (1889--1951).[19] Ela dará origem ao que se designa como "filosofia analítica", a qual proclama que a tarefa essencial da filosofia consiste em formular, com rigor, problemas, discriminando assim, no âmago do discurso, as questões "vazias" — jogos de palavras criados graças a uma obscuridade lógica e sem substrato real — dos verdadeiros problemas, cuja formulação correta condicionará a sua resolução.

Existe, portanto, uma comunidade de preocupação entre Epicuro, o antidialético por excelência, e Wittgenstein, um dos fundadores da *lógica filosófica*. A explicação para esse aspecto absolutamente surpreendente tem em conta a constatação de que, para ambos, a tarefa primordial da filosofia continua sendo uma atividade de esclarecimento — independentemente do fato que este se faça por uma descrição física da natureza ou uma reflexão sobre a linguagem. Nos dois casos, trata-se de se precaver para não se limitar a palavras. A noção-chave a considerar aqui é a de "vazio":

---

18. Grupo de filósofos reunidos em torno de Moritz Schlick (1882-1936), a partir de 1922, entre os quais importa citar os nomes de Gustav Bergmann, Rudolf Carnap, Herbert Feigl, Philipp Franck, Kurt Gödel, Hans Hahn e Otto Neurath.
19. Filósofo austríaco, naturalizado britânico, que empreendeu numerosos trabalhos na lógica, assim como na filosofia da matemática, da mente e da linguagem; é autor nomeadamente de *Tractatus logico-philosophicus* (1921).

um pensamento, uma opinião, uma teoria, um enunciado podem ser vazios, seja porque entram em contradição com a realidade da natureza (Epicuro), seja porque se opõem a um consenso baseado na razão e na justa percepção das coisas (Reid), ou, enfim, porque refletem um mero jogo de linguagem, baseado em uma ambiguidade que não é real, mas metafórica, o que os impediria de formular um problema de maneira adequada (Círculo de Viena).

Tal perseguição às proposições ou aos conceitos "vazios" irá culminar, em cada um dos casos considerados aqui, em conteúdos filosóficos bastante diferentes e, às vezes, até mesmo opostos. No entanto, nesses três modos de apreensão da filosofia, encontramos uma intuição comum consistente e estimulante: a ideia de que a verdade não reside necessariamente naquilo que, à primeira vista, parece sutil, refinado, sofisticado; pelo contrário, às vezes, essa sofisticação limita-se ao efeito da plumagem iridescente de pavão, a um tapa-miséria para dissimular a inanidade de uma verborreia charlatanesca. Nesse caso, a obra de Epicuro é também uma advertência contra as seduções da impostura intelectual — que, aliás, nunca se dá por vencida.

Conclusão

No final desta trajetória, o leitor teve a oportunidade de avaliar o campo considerável abrangido pelo pensamento de Epicuro, tendo-se dado conta também de nossa dificuldade para manipular, atualmente, um *corpus* estilhaçado, cujas fontes múltiplas entram, às vezes, em contradição a respeito de aspectos — que não deixam de ser cardeais — do epicurismo. O desafio a enfrentar hoje em dia por essa doutrina é ainda, em grande parte, de natureza filológica; o aprofundamento atual do epicurismo antigo passa necessariamente por um trabalho rigoroso de estabelecimento de textos, tratando-se seja dos fragmentos recuperados do *Peri Physeos*, seja do acervo de Filodemo de Gadara. A existência de um *corpus* ainda inexplorado suscita grandes dificuldades e impede-nos de apresentar hoje o epicurismo como era possível fazê-lo havia algumas dezenas de anos, quando os textos acessíveis se reduziam às cartas conservadas por Diógenes Laércio, ao poema de Lucrécio e a alguns testemunhos indiretos. Atualmente, impõe-se, sem dúvida, renunciar à ilusão de uma doutrina confinada em si mesma, transparente em todos os seus aspectos, para abordar a filosofia de Epicuro mediante a exploração dessas novas vias que necessariamente obscurecem pontos que haviam sido aceitos até agora sem contestação como se fossem completamente cristalinos.

De resto, saímos ganhando na medida em que o epicurismo aparece para nós, hoje em dia, bem mais sutil e diversificado do que seria possível suspeitar.

Para concluir esta sucinta apresentação do pensamento de Epicuro, gostaríamos de nos debruçar de maneira mais detalhada sobre as contribuições específicas dos papiros de Herculano e sobre os aspectos ainda desconhecidos de sua doutrina que, atualmente, esses textos nos permitem entrever.

1. Filodemo, um epicurista na Campânia

A biblioteca de Filodemo (c. 110-c. 40 a.C.), preservada miraculosamente, revela-se preciosa por duas razões principais: continha um acervo de obras do próprio Epicuro — em particular, os 37 livros do *Peri Physeos* — e reunia a quase totalidade da literatura epicurista produzida até o século I de nossa era. Ela pretendia ser o centro nevrálgico de uma atividade escolar erudita e, ao mesmo tempo, um espaço de conservação do pensamento do mestre. Dentre os textos encontrados, os de Filodemo estão entre os que podem fornecer, sem dúvida, um maior número de informações para a renovação do nosso conhecimento a respeito do epicurismo; com efeito, eles abrangem numerosos domínios não abordados ou só mencionados esparsamente pelo *corpus* primitivo.

A presença de obras de estética e de retórica permite-nos, em particular, revisar de maneira bastante profunda o anátema epicurista lançado contra a *paideia*. Se, como pensamos, Epicuro opunha-se, à semelhança de seu procedimento em relação à dialética, não às próprias disciplinas estéticas, mas à forma como estas eram utilizadas, a existência, na obra de um dos mais importantes epígonos do epicurismo como Filodemo, de escritos sobre música, poemas e retórica não é reflexo de uma extravagância individual ou de uma heterodoxia, mas sim indicativo de um pensamento epicurista original e diferenciado sobre a própria *paideia*.

Preocupado em adaptar a sua filosofia a um público romano letrado, culto e grande amante das artes, Filodemo mobilizou toda a sua ciência epicurista para produzir um pensamento materialista da cultura. O aspecto divertido é que a sanha dos adversários de Epicuro acabou considerando tal iniciativa como um novo motivo de desaprovação. Depois de ter estigmatizado a total falta de cultura do mestre do Jardim, Cícero, sem nenhum cuidado de coerência, "interpreta" essas preocupações de Filodemo como um testemunho suplementar da superficialidade dos epicuristas, em um texto particularmente severo, "In L. Calpurnium Pisonem Oratio", discurso pronunciado no Senado em 55 a.C.:

> O homem de quem falo [Filodemo] é muito erudito, não apenas em filosofia, mas também em todas as outras atividades intelectuais; ora, pelo que se diz, estas são, quase sempre, menosprezadas pelos outros epicuristas. Ele chega inclusive a elaborar versos de maneira tão bela, harmoniosa e elegante que seria difícil encontrar um espírito tão sagaz. É possível repreendê-lo, se quisermos, desde que seja de forma branda, acusando-o não de indecência, desaforo e imoralidade, mas considerando-o como um autor grego de menor importância, adulador e poeta. [...]
> Se tivesse tido a possibilidade de recrutar um discípulo, ele teria conseguido, talvez, ser mais ponderado e sério; no entanto, o acaso acabou por levá-lo a cultivar esse costume de escrever absolutamente indigno de um filósofo, se a filosofia realmente, como se diz, tem a finalidade de ensinar a virtude, o dever e a arte de viver

segundo o bem; quem professa isso parece-me ser uma pessoa que impõe respeito.[1]

A mesquinharia dessa invectiva, impregnada de insinuações xenófobas, explica-se em parte pelo ódio de Cícero em relação ao senador Lúcio Calpúrnio Pisão Cesonino (eleito cônsul em 58 a.C. e último sogro de Júlio César), discípulo e amigo de Filodemo; mas ela mostra também que o trabalho verdadeiramente inovador de Filodemo quanto às artes liberais e à *paideia*, trabalho que desenvolve e prolonga as intuições de seu venerado mestre, Zenão de Sídon (c. 150-c. 75 a.C.), não foi levado mais a sério do que a física ou a ética de Epicuro.

Em seus livros, Filodemo procede ao estudo aprofundado de campos bastante diversificados; na biblioteca de Herculano, encontram-se textos sobre lógica[2], ética[3], política[4], teologia[5] e estética. Aqui, vamos interessar-nos por esta última rubrica, que reúne, em particular, dois vastos conjuntos: os *Comentários sobre os poemas* e os *Comentários sobre a música*. As edições mais recentes desses textos permitem ter uma ideia cada vez mais exata de como Filodemo foi bem-sucedido em sua tentativa para

---

1. "Contre Pison 70", in: P. Grimal, *Contre Pison*, ed. bilíngue latim/francês, Paris, Les Belles Lettres, 2002, col. Universités de France.
2. Em particular, o livro *Peri sêmeiôn kai sêmeiôseos* [Sobre a inferência por signos], já mencionado.
3. Citemos dois conjuntos notáveis, parcialmente conservados: *Peri kakiôn kai tôn antikeimenôn aretôn* [Sobre os vícios e as virtudes opostas] e *Peri êthôn kai biôn* [Sobre os gêneros de vida].
4. *Peri tou kath' Omeron agathou basileôs* [Do bom rei segundo Homero] e, sobretudo, o conjunto monumental *Peri rhêtorikês* [Retórica] — obra à qual se atribui um número superior a oitenta fragmentos de rolos de papiros e que, em sua integralidade, deveria comportar de sete a dez livros.
5. *Peri eusebeias* [Sobre a piedade].

afinar a concepção epicurista do belo, abordada muito superficialmente por seus predecessores.

O primeiro ponto a sublinhar é a ausência, no epicurismo, de uma teoria do belo em si, se fizermos abstração tanto das realidades materiais capazes de suscitar um *páthos* de natureza estética quanto de um sujeito suscetível de ser impressionado por esse *páthos*. A beleza em si mesma não existe — é, aliás, a sua busca vã que, na diatribe lucreciana contra o amor, explica em grande parte a decepção do amante obcecado, que acaba por hipostasiá-la de maneira demente. Nesse caso, a beleza limita-se a ser uma projeção abusiva das fantasias do amante sobre um objeto na realidade muito comum:

> Assim fazem os homens obcecados pelo desejo: àquelas que eles amam, atribuem méritos irreais. (DRN, IV, 1153-1154)

A essa decepção do amante será oposta a satisfação do amigo verdadeiro, que se regozija com a contemplação "agradabilíssima" daquele com quem está em situação de intercâmbio filosófico. Ainda nesse aspecto, a beleza não é uma essência eterna a ser identificada com conhecimento de causa, mas resultado de um processo dinâmico entre um indivíduo sensível e um objeto que ele reveste, pelo fato de sua interação com ele, de uma nova qualidade:

> Muito bela também é a visão dos que estão próximos quando ela se harmoniza com o parentesco originário; se ela se fixa com atenção, é nisso. (SV 61, 48)

Essas indicações fugazes a respeito de um pensamento epicurista do belo serão úteis para apreender, em toda a sua originalidade, a estética de Filodemo. Ao conferir-lhe um suporte material, a obra de arte, esse filósofo propõe uma nova definição para a beleza e uma compreensão sutil de seu *páthos* peculiar, como se tratasse de um prazer de tipo particular; assim, Filodemo opõe essa concepção de um "prazer estético" à dos *kritikoi*, ou seja, os teóricos e os eruditos que buscam constituir uma ciência da poesia ou da música.

Essa polêmica é efetivamente a tradução fiel das invectivas de Epicuro contra a *paideia* e apoia-se nos mesmos argumentos. Com efeito, os *kritikoi* misturam indevidamente uma pseudofunção de formação e de educação com a diversão, que é o verdadeiro propósito do *páthos* estético, e, ao proceder dessa maneira, acabam por desnaturá-lo. Além disso, eles desenvolvem uma abordagem muito formalista da crítica da arte, abordagem que imita os modelos da dialética, avaliando as obras a partir de critérios estilísticos e até mesmo geométricos; ela não poderia, portanto, granjear as simpatias do epicurista Filodemo, o qual pressupõe, pelo contrário, que não é a forma de uma obra, mas de preferência o seu conteúdo racional que lhe confere todo o seu valor. Nada além da significação do poema ou da peça musical será capaz de suscitar o *páthos* adequado.

Essa doutrina estética original não deixa de levantar algumas dificuldades. Se, por um lado, o valor do poema não vem do "som", mas do sentido, o que o distingue, de fato, de uma boa prosa? Por outro lado, se alguém se debruça sobre o caso um tanto particular da música, esta continua sendo, para Filodemo, uma arte do som que não veicula nenhum significado. É, de fato, extremamente importante para ele desvincular-se das concepções pitagóricas e órficas, as quais associam uma simbólica esotérica, de inspiração matemática e ao mesmo tempo religiosa, às diferentes notas da escala musical. De onde, porém, a música pode tirar o seu valor se ela é destituída de qualquer significação?

Esses aspectos da estética de Filodemo permanecem hoje obscuros e hão de servir de incentivo, sem dúvida ainda por muito tempo, à imaginação interpretativa dos comentaristas. No contexto desta sucinta análise a respeito do epicurismo romano, contentemo-nos em considerá-los como um apanhado das complexas evoluções da doutrina de Epicuro. Em vez de desnaturarem a aparência do epicurismo, esses novos conceitos estéticos completam-na harmoniosamente, revelando de modo cada vez mais evidente a sua grande coerência; eles permitem-nos ler a partir de outras coordenadas a matriz desse pensamento, a saber, os textos originais de Epicuro, e encontrar aí uma densidade insuspeita. Uma vez conhecida a existência da poética filodemiana, é possível considerar de forma diferente esta *Sentença vaticana*:

> Antecipei-me a ti, Fortuna, e bloqueei todas as brechas por onde poderias passar. E não vamos nos entregar como cativos teus ou de outrem em nenhuma circunstância; mas, quando for tempo de irmos, cuspiremos com desdém na vida e naqueles inutilmente apegados a ela. Deixaremos a vida com uma canção de triunfo por termos vivido bem. (SV 47, p. 37-38)

A morte do sábio é em si mesma uma poética, encarnando-se não em um aforismo sério, mas em uma música faustosa e entusiasmada. Essa é, sem dúvida, a imagem que Epicuro desejava transmitir de sua doutrina; e aquela que esperamos ter proposto no decorrer das páginas deste livro.

2. *Epicuro, ontem e hoje*

O pensamento de Epicuro, como já indicamos, deve ser considerado não como um sistema cujo desenvolvimento ocorreria de maneira linear, mas como um conjunto de círculos concêntricos. O primeiro desses círculos — o mais estreito, em que cada um de seus pontos se irradia em direção a todos os outros — é constituído pelo *tetrafármaco*, quádruplo remédio, cuja aplicação garante a felicidade, ou seja, a ausência total de distúrbio da alma: não há que ter medo de deuses nem da morte; a dor é fácil de suportar, e o prazer, fácil de obter.

A partir desse centro, é possível traçar linhas de prolongamento que nos levam até os arcanos mais sutis da ciência da natureza. As definições relativas à dor e ao prazer permitem-nos assim descobrir a natureza da alma, corpo no âmago do corpo; a morte, por sua vez, é definida como separação e desagregação comum da alma e do corpo. A partir da noção de corpo, podemos remontar aos princípios atomistas da física epicurista e vislumbrar a distinção entre corpo e vazio, além da existência do *clinâmen*, que serve de fundamento à totalidade da explicação da natureza. A alma remete, enfim, à mente e, por seu intermédio, ao conjunto da noética epicurista, fundada na crença de que a sensação é o primeiro critério do que é verdadeiro.

Propusemos também considerar o epicurismo sob um ângulo mais histórico, por meio do estudo e da crítica dos preconceitos desencadeados contra ele e das visões fantasiosas que acabou suscitando. Os aspectos escandalosos da doutrina de Epicuro são numerosos e, de modo mais particular, insistimos sobre aqueles que dizem respeito à teologia, à pedagogia e ao estatuto do discurso filosófico; com efeito, parece-nos que, por intermédio destes últimos, é mais fácil apreender a originalidade do epicurismo. Eles permitem também compreender, em melhores condições, determinadas características dominantes do pensamento antigo ou, de preferência, alguns núcleos recorrentes de dificuldades, identificados como tais por todos os pensadores da Antiguidade, e para os quais cada um tenta encontrar uma solução; entre esses lugares-comuns, o estatuto dos deuses ou a questão da ambiguidade da linguagem continuam envolvidos em sua opacidade.

Tentamos, enfim, quando isso parecia legítimo, introduzir alguns paralelos com pensadores mais modernos e enfatizar uma comunidade de intenções, de problemas e, eventualmente, de conceitos entre eles e Epicuro. Esse exercício é sempre perigoso, fonte de anacronismos e de contrassensos, sem deixar de ser indispensável, tanto que a apropriação correta de um pensamento só é possível mediante um trabalho de distinção que, a partir dos pontos comuns, ressalta as dissensões entre uma concepção e outra. O caso de Epicuro permanece especialmente delicado: a sua má reputação, na época moderna, dissuadiu durante muito tempo aqueles que teriam podido reivindicar tal equiparação de forma legítima, com a exceção notável de Gassendi.

Parece-nos, por fim, que a posteridade de Epicuro é fundamentalmente indireta: encontram-se vestígios esparsos de sua doutrina, trechos "tomados de empréstimo" sem que o empréstimo seja reconhecido, em autores muito variados que, para alguns, teriam sido ofuscados pela comparação a Epicuro. Outros filósofos, ao contrário, reivindicaram o pensamento de Epicuro quando, enfim, eles se afastavam consideravelmente dele no plano conceitual, sem dúvida na expectativa de se apropriar do espírito de sua doutrina — ou do que eles pensavam ser o seu espírito —, em vez de sua letra: entre eles estão Rousseau, Diderot, Marx, Freud e, em certa medida, Nietzsche.

Curiosamente, o mais fiel ao conteúdo da doutrina epicurista parece-nos ser o poeta Francis Ponge (1889-1988), tanto do ponto de vista da intenção que o anima — a busca não só de uma poesia objetiva e de uma linguagem a serviço das coisas ao inverter a hierarquia tradicional da palavra e da coisa, mas também de um "consolo materialista"

— quanto na própria materialidade, a substância de sua linguagem poética. O próprio Ponge refere-se frequentemente à influência de Epicuro e de Lucrécio sobre a sua obra e, em seu trabalho poético sobre a linguagem, oferece um exemplo contemporâneo de uma das principais lições do pensamento materialista de Epicuro, a saber: a vontade de mergulhar o seu olhar no próprio âmago da natureza e de se imergir nas coisas, esquecendo qualquer fantasma de transcendência.

> Pelo simples fato de querer dar conta do *conteúdo inteiro de suas noções*, eu me deixo puxar, *pelos objetos*, para fora do velho humanismo, para fora do homem atual e para a frente. [...] Aí está *O partido das coisas*.[6]

---

6. F. Ponge, *Métodos*, trad. e apresent. Leda Tenório da Motta, Rio de Janeiro, Imago, 1997, p. 54, grifos do poeta.

Indicações bibliográficas

A. Para iniciar a abordagem do epicurismo

GIGANDET, Alain. *Lucrèce:* atomes, mouvements; physique et éthique. Paris: PUF, 2001.

LÉVY, Carlos. *Les Philosophies hellénistiques.* Paris: Livre de Poche, 1997.

MOREL, Pierre-Marie. *Atomes et nécessité:* Démocrite, Epicure, Lucrèce. Paris: PUF, 2000.

RODIS-LEWIS, Geneviève. *Epicure et son école.* Paris: Gallimard, 1975.

SALEM, Jean. *Tel un Dieu parmi les hommes:* l'éthique d'Epicure. Paris: Vrin, 1989.

_____. *La Mort n'est rien pour nous:* Lucrèce et l'éthique. Paris: Vrin, 1990.

_____. *Le Bonheur ou l'art d'être heureux par gros temps.* Paris: Bordas, 2006.

WOLFF, Francis. *L'Être, l'homme, le disciple.* Paris: PUF, 2000.

B. Fontes primárias

1. Epicuro

As traduções francesas da obra de Epicuro são numerosas; a autora deste texto utiliza a tradução de:

BALAUDE, Jean-François. *Epicure:* Lettres, maximes, sentences. Paris: Le Livre de Poche, 1994.

Épicuriens (Les). Tradução do grego antigo e do latim para o francês por um coletivo de tradutores. Edição publicada sob a direção de Daniel Delattre e Jackie Pigeaud com a colaboração de Agathe Antoni, Clara Auvray-Assayas, Jacques Boulogne, Jacques Brunschwig, Christophe Darras, Joelle Delattre-Biencourt, Tiziano Dorandi, Julie Giovacchini, José Kany-Turpin, Carlos Levy, Annick Monet, Pierre-Marie Morel, Robert Muller, Laurent Pernot, Jean-Louis Poirier, David N. Sedley e Voula Tsouna. Paris: Gallimard, col. Bibliothèque de la Pléiade (n. 564), 1.552 p., 2010.

Algumas edições brasileiras dos textos de Epicuro:

LAÉRCIO, Diógenes. *Vidas e doutrinas dos filósofos ilustres*: Livros I a X [orig.: Βίοι καὶ γνῶμαι τῶν ἐν φιλοσοφίᾳ εὐδοκιμησάντων, séc. III d.C.].

Livro X — *Epicuro* (inclui: *Carta a Heródoto* [orig.: Επιστολή προς Ηρόδοτον], *Carta a Pítocles* [orig.: Επιστολή προς Πυθοκλή], *Carta a Meneceu* [orig.: Επιστολή προς Μενοικέα], "Testamento de Epicuro" e a antologia *Máximas principais* [orig.: Μεγιστοποιεί τους κεφαλαίους]). Trad. Mário da Gama Kury. 2. ed., reimpr. Brasília: Editora UnB, 2008.

Antologia de textos/Epicuro. Trad. e notas Agostinho da Silva. Introd. E. Joyau. São Paulo: Nova Cultural, 1988, col. Os Pensadores.

Pensamentos — Epicuro. São Paulo: Martin Claret, 2006, col. A Obra-Prima de Cada Autor.

Carta sobre a felicidade (a Meneceu). Trad. e apresent. Álvaro Lorencini e Enzo Del Carratore. São Paulo: Unesp, 1997; trad. mais recente Thiago Harrison Felício, em 2014, na sua dissertação de mestrado: *A primazia da phrónesis sobre a philosophía em Epicuro* (Unicamp).

Máximas principais. Texto, trad., introd. e notas João Quartim de Moraes. São Paulo: Loyola, 2010, col.

Clássicos da Filosofia — quarenta proposições dogmáticas de Epicuro enumeradas em algarismos romanos e agrupadas sob os seguintes assuntos: I a IV — máximas a respeito do quádruplo remédio; V a IX — o prazer como fim da vida humana; X a XXVI — os falsos julgamentos referentes aos fenômenos celestes, à morte e ao infinito; XXVII a XXVIII — a amizade; e XXIX a XL — a perspectiva epicurista sobre a justiça.

Sentenças vaticanas. Texto, trad. e coment. João Quartim de Moraes. São Paulo: Loyola, 2014, col. Clássicos da Filosofia [orig.: *Gnomologium Vaticanum*] — manuscrito encontrado em 1880 na Biblioteca do Vaticano, com 81 proposições (treze são idênticas a algumas que constam nas *Máximas principais*: 1-I, 2-II, 3-IV, 5-V, 6-XXXV, 8-XV, 12-XVII, 13- XXVII, 20-XXIX, 22-XIX, 49-XII, 50-VIII e 72-XIII).

O acesso à obra de Epicuro tornou-se muito mais fácil a partir do trabalho fundador do filólogo alemão Hermann Usener:

USENER, Hermann. *Epicurea*. Leipzig: Teubner, 1887. Disponível em: <http://epicurism.info/etexts/epicurea.html>. Acesso em: fev. 2018.

Entre as várias edições críticas dos textos e fragmentos de Epicuro, a mais completa continua sendo atualmente esta edição italiana:

ARRIGHETTI, Graziano. *Epicuro Opere*. Turim: Einaudi, 1973.

Em língua francesa, existe, apesar de menos erudito, este meticuloso trabalho — acompanhado de introdução e notas:

CONCHE, Marcel. *Epicure:* Lettres et maximes. Ed. bilíngue. Paris: PUF, 1987.

Além dessas duas referências, uma base bastante sólida para abordar as três *Cartas* de Epicuro, assim como o conjunto de suas *Máximas e sentenças*, encontra-se nesta grande edição crítica — já um tanto antiga, mas absolutamente notável:

BAILEY, Cyril. *Epicurus, the extant remains*. Oxford: Oxford University Press, 1926.

No que diz respeito às recentes revelações obtidas por meio da papirologia de Herculano, a abordagem dos textos permanece complexa, por falta de uma edição sintética de todos os fragmentos restituídos do *Peri Physeos*. Somos obrigados, portanto, a referir-nos para o essencial à publicação regular desse material, desde a década de 1970, na revista *Cronachè Ercolanesi*. Um panorama do estado desses fragmentos encontra-se neste artigo:

SEDLEY, David. The Structure of Epicurus' *On Nature*' Book XXVIII. *Chronachè Ercolanesi*, n. 3, 1973, p. 89-92.

Outros títulos aguardam um tratamento semelhante; a maioria deles, no entanto, tem sido apresentada em publicações especializadas, nomeadamente a já citada *Cronachè Ercolanesi*. Para um apanhado de conjunto, em 2001, temos esta excelente sinopse:

DELATTRE, Daniel. "La Bibliothèque de Philodème à travers les papyrus d'Herculanum". In: AUVRAY-ASSAYAS, Clara; DELATTRE, Daniel (eds.). *Cicéron et Philodème:* la polémique en philosophie. Paris: Éditions Rue d'Ulm, 2001, p. 385-392.

Enfim, numerosos excertos de textos de Epicuro são traduzidos e editados por:

SEDLEY, David; LONG, Anthony. *The Hellenistic Philosophers*. 2 t. — vol. 1: *The Principal Sources in Translation with Philosophical Commentary*; vol. 2: *Greek and Latin Texts with Notes*. Cambridge: Cambridge

University Press, 1987 [antologia traduzida para o francês por Jacques Brunschwicg e Pierre Pellegrin. *Les Philosophes hellénistiques*: 1. *Pyrrhon — L'Épicurisme*; 2. *Les stoïciens*; 3. *Les Académiciens — La Renaissance pyrrhonienne*. Paris: Garnier-Flammarion, n. 641-643, 2001].

2. Epicurismo grego

Essas indicações serão complementadas pela leitura da bibliografia geral dos textos encontrados em Herculano (cf., mais acima: B. Fontes primárias — 1. Epicuro), proposta por:

DELATTRE, Daniel. "La Villa des Papyrus et les rouleaux d'Herculanum — La Bibliothèque de Philodème". In: *Cahiers du CeDoPaL*, Liège, Editions de l'Université de Liège, n. 4, 2006, p. 137-150.

Hermarco

LONGO AURICCHIO, Francesca. *Ermarco, frammenti*. Nápoles: Bibliopolis, 1988.

Polístrato

INDELLI, Giovanni. *Polistrato sul disprezzo irrazionale delle opinioni popolari*. Nápoles: Bibliopolis, 1978.

Diógenes de Enoanda

CHILTON, William. *Diogenes Oenoandasis*. Leipzig: Teubner, 1967.

ETIENNE, Alexandre; O'MEARA, Dominique. *La Philosophie épicurienne sur pierre*. Paris: Editions du Cerf, 1996.

3. Epicurismo romano

Cícero

Os textos de Cícero, neste livro, são traduzidos para o francês pela autora ou citados de acordo com a tradução de:

AUVRAY-ASSAYAS, Clara. *La Nature des dieux*. Paris: Les Belles Lettres, 2002 [orig.: *De Natura Deorum*, 45 a.C.].

CÍCERO. *Sobre a natureza dos deuses*. Trad. Leandro Abel Vendemiatti. Dissertação (mestrado). Instituto de Estudos da Linguagem da Unicamp. Campinas, 2003 [orig.: *De Natura Deorum*, 45 a.C.].

_____. *Do sumo bem e do sumo mal*. São Paulo: Martins Fontes, 2005 [orig.: *De Finibus Bonorum et Malorum*, 45 a.C.].

Lucrécio

BAILEY, Cyril. *Titi Lucreti Cari De rerum natura libri sex*. Oxford: Oxford University Press, 1947.

Da Natureza/Tito Lucrécio Caro. Trad. e notas Agostinho da Silva. Introd. G. Ribbeck. São Paulo: Nova Cultural, 1988, col. Os Pensadores [nova ed. Rio de Janeiro/Porto Alegre/São Paulo: Global, 1962, col. Biblioteca dos Séculos]. Texto utilizado nesta tradução.

ERNOUT, Alfred; ROBIN, Léon. *De Rerum Natura*. Paris: Les Belles Lettres, 1972.

GREENBLATT, Stephen. *A virada:* o nascimento do mundo moderno. São Paulo: Companhia das Letras, 2012 [orig.: *The Swerve:* How the World Became Modern, 2011]. Prêmio Pulitzer de não ficção de 2012.

KANY-TURPIN, Josée. *Lucrèce, De la nature*. Paris: Garnier-Flammarion, 1998. Tradução utilizada pela autora deste livro.

LUCRÉCIO. *Da natureza das coisas ("De Natura Rerum")*. Trad. Antonio José de Lima Leitão [o original dessa versão versificada foi publicado em Lisboa, em 1851--1853]. São Paulo: Cultura, 1941.

PAUTRAT, Bernard (tradutor). *De la Nature des choses*. Introd. e notas A. Gigandet. Paris: Librairie Générale Française, 2002.

Filodemo de Gadara

Limitamo-nos a indicar as edições mais recentes de

textos completos, sabendo que, no estado atual da pesquisa, qualquer bibliografia sobre Filodemo de Gadara continua sendo necessariamente provisória.

DE LACY, Philipp. *Philodemus, On Methods of Inference*. Nápoles: Bibliopolis, 1978, col. La Scuola di Epicuro, 1.

DELATTRE, Daniel. *Philodème, Sur la musique*, livro IV. Paris: Les Belles-Lettres, 2007.

JANKO, Richard. *Philodemus, On Poems*, livro I. Oxford: Oxford University Press, 2000.

MANGONI, Cecilia. *Filodemo, Il quinto libro della Poetica (PHerc. 1425 e 1538)*. Nápoles: Bibliopolis, 1993, col. La Scuola di Epicuro, 14.

MONET, Annick. "Philodemus: une bibliographie des principales oeuvres de Philodème de Gadara". Disponível em: <https://bsa.univ-lille3.fr/philodemus.html>. Acesso em: fev. 2018.

OBBINK, Dirk. *Philodemus, On Piety*, parte 1. Oxford: Oxford University Press, 1996.

Philodemus Project. Department of Classics. Universidade da Califórnia em Los Angeles. Disponível em: <http://classics.ucla.edu/faculty-projects/philodemus-project/> Acesso em: fev. 2018.

KONSTAN, David. *On Frank Criticism*. Atlanta: Scholars Press, 1998.

SUDHAUS, Siegfried. *Philodemi Volumina Rhetorica*. 2 vols. Leipzig: Teubner, 1892 e 1896; nova impr. Amsterdã: Hakkert, 1964.

C. Monografias e artigos sobre o epicurismo (por ordem dos capítulos deste livro)

I. A Escola de Epicuro

BAILEY, Cyril. *The Greek Atomists and Epicurus*. Oxford: Clarendon Press, 1928.

BIGNONE, Ettore. *L'Aristotele perduto e la formazione filosofica di Epicuro*. Florença: Nuova Italia, 1973.

BOYANCE, Pierre. *Lucrèce et l'épicurisme*. Paris: PUF, 1963.

GASSENDI, Pierre de. *Vie et mœurs d'Epicure*. Trad. do latim para o francês S. Taussig. Paris: Alive, 2001 [orig.: *De Vita, moribus et doctrina Epicuri*, 1647].

LEVY, Carlos. *Les Philosophies hellénistiques*. Paris: Le Livre de Poche, 1997.

MOURA, A. Rolim de. Diálogo interior nas *Cartas a Lucílio*, de Sêneca. *Ágora. Estudos Clássicos em Debate*, UFPR, n. 17, 2015, p. 263-297.

PICCOLO, Alexandre P. *O Homero de Horácio:* intertexto épico no livro I das Epístolas. Dissertação (mestrado). Instituto de Estudos da Linguagem da Unicamp. Campinas, 2009.

SEDLEY, David. *Lucretius and the Transformation of Greek Wisdom*. Cambridge: Cambridge University Press, 1998.

II. O projeto ético de Epicuro

ARISTOTELES. *Invitation à la philosophie (Protreptique)*. Paris: Éd. Mille et Une Nuits, 2000, Petite Collection.

BALAUDE, Jean-François. Le Masque de Nietzsche. *Magazine Littéraire*, n. 425, nov. 2003.

BRUNSCHWIG, Jacques. "L'Argument des berceaux chez les épicuriens et les stoïciens". In: *Etudes sur les philosophies hellénistiques*. Paris: PUF, 1995, p. 69-114; trad. fr. de "The Cradle Argument in Epicureanism and Stoicism". In: SCHOFIELD, Malcolm; STRIKER, Gisela (eds.). *The Norms of Nature:* Studies in Hellenistic Ethics. Cambridge: Cambridge University Press, 1986, p. 113-144.

CHAMOUX, François; BERTRAC, Pierre. *Diodore de Sicile, Bibliothèque Historique*, I. Paris: Les Belles Lettres, 1972.

DAUZAT, Pierre-Emmanuel et al. *Guide de poche des auteurs grecs et latins*. Paris: Les Belles Lettres, 2011.

DELATTRE, Daniel. "La Pratique maîtrisée du franc-parler: Philodème de Gadara, le franc-parler (col. 151--162 D.)". In: LOUBET, Mireille; PRALON, Didier (eds.). *Poïkiloï karpoï*: exégèses païennes, juives et chrétiennes. Aix-en-Provence: Presses Universitaires de Provence, 2015, p. 435-453.

FERNANDES, Edrisi. "Tradição e atualidade da parrêsia ('fala franca') como terapia". In: PEIXOTO, Diniz; CAMPOLINA, Miriam (eds.). *A saúde dos antigos:* reflexões gregas e romanas. São Paulo: Loyola, 2009, p. 163-179.

GIGANDET, Alain. *Fama deum, Lucrèce et les raisons du mythe*. Paris: Vrin, 1998.

GIOVACCHINI, Julie. "La Nouvelle Reconstruction du rouleau du Franc-parler de Philodème permet-elle encore de postuler l'existence d'une parrhesia spécifiquement épicurienne?". In: ANTONI, Agathe et al. (eds.). *Miscellanea Papyrologica Herculanensia*. Pisa: Fabrizio Serra, 2010, p. 293-314.

GOLDSCHMIDT, Victor. *La Doctrine d'Epicure et le droit*. Paris: Vrin, 1977.

GOUREVITCH, Danielle; GRMEK, Mirko; PELLEGRIN, Pierre. *Hippocrate de Cos* — De l'art médical. Paris: Le Livre de Poche, 1994.

INWOOD, Brad; GERSON, Lloyd P. (eds.). *The Epicurus Reader:* Selected Writings and Testimonia. Cambridge: Hackett, 1994.

KAIBEL, Georgius. *Athenaei Naucratitae Deipnosophistarum*, livro XV. 3 vols. Leipzig: Teubner, 1887-1890.

KONSTAN, David et al. (eds.). *De libertate dicendi*: On Frank Criticism. Atlanta: Society of Biblical Literature, 1998.

MITSIS, Philipp. *Epicurus' Ethical Theory:* The Pleasures of Invulnerability. Ithaca: Cornell University Press, 1988.

NIETZSCHE, Friedrich. *A gaia ciência*. São Paulo: Escala, 2006.

PLUTARCO. *Como tirar proveito de seus inimigos:* seguido de *Da maneira de distinguir o bajulador do amigo*. São Paulo: Martins Fontes, 1997 [orig.: Ἠθικά (Ethikà; em latim, *Moralia*), séculos I-II].

SEDLEY, David. "The Inferential Foundation of Epicurean Ethics". In: GIANNANTONI, Gabriele; GIGANTE, Marcello (eds.). *Epicureismo greco e romano:* Atti del Congresso Internazionale di Napoli, 19-26 maggio 1993. Nápoles: Bibliopolis, 1995, p. 313-339.

STENDHAL [Henri-Marie Beyle]. *Do amor*. Trad. e seleção Wilson Lousada. Rio de Janeiro: José Olympio, 1958, col. Rubáiyát [orig.: *De l'Amour* (1822). T. I. Paris: Le Divan, 1927].

III. Uma física materialista

BORNHEIM, Gerd. *Os filósofos pré-socráticos*. São Paulo: Cultrix, 2005.

FREDE, Michael; STRIKER, Gisela (eds.). *Rationality in Greek Thought*. Oxford: Oxford University Press, 1996.

FURLEY, David. "Indivisible Magnitudes". In: *Two Studies in Greek Atomists*. Princeton: Princeton University Press, 1967, p. 7-160.

_____. "What Kind of Cause is Aristotle's Final Cause?". In: FREDE, Michael; STRIKER, Gisela (eds.). *Rationality in Greek Thought*. Oxford: Oxford University Press, 1996, p. 59-80.

LONG, Anthony; SEDLEY, David. *Les Philosophies hellénistiques*. Pyrrhon. L'Epicurisme. T. 1. Paris: Flammarion, 1987.

MARX, Karl. *Différence de la philosophie de la nature chez Démocrite et Epicure* (1841). Trad. J. Ponnier. Bordeaux: Ducros, 1970. [Ed. bras.: *Diferença entre a filosofia da natureza de Demócrito e a de Epicuro*.

Trad. Nélio Schneider. São Paulo: Boitempo, 2018; orig.: *Differenz der demokritischen und epikureischen Naturphilosophie*, 1841].

POPE, Maurice. Epicureanism and the Atomic Swerve. *Symbolae Osloenses*, n. 61, 1986, p. 77-97.

SEDLEY, David. "Epicurus' Refutation of Determinism". In: *Syzetesis:* Studi sull'epicureismo greco e latino offerti a M. Gigante. Nápoles: G. Macchiaroli, 1983, p. 11-51.

_____. *Lucretius and the Transformation of Greek Wisdom*. Cambridge: Cambridge University Press, 1998.

IV. Uma teoria empírica do conhecimento

ASMIS, Elisabeth. *Epicurus' Scientific Method*. Ithaca: Cornell University Press, 1984.

AUBENQUE, Pierre. "Kant et l'épicurisme". In: *Association Guillaume Budé*. Actes du VIII Congrès. Paris, 5-10 avril 1968. Paris: Les Belles Lettres, 1969.

AUVRAY-ASSAYAS, Clara. "L'Évidence de la sensation épicurienne: le témoignage de Cicéron". In: LEVY, Carlos; PERNOT, Laurent. *Dire l'Évidence (Philosophie et rhétorique antiques)*. Paris: L'Harmattan, 1997.

BURNYEAT, Miles. The Upside-Down Back-to-Front Sceptic of Lucretius IV, 472. *Philologus*, v. 122, n. 2, p. 197-206, 1978.

DELEUZE, Gilles. *Lógica do sentido*. Trad. Luiz Roberto Salinas Fortes. São Paulo: Perspectiva/Edusp, 1974, col. Estudos, 35.

_____. "Lucrécio e o simulacro". In: DELEUZE, Gilles. *Lógica do sentido*. Trad. Luiz Roberto Salinas Fortes. São Paulo: Perspectiva/Edusp, 1974, p. 273-286, col. Estudos, 35.

Dire l'Évidence (Philosophie et rhétorique antiques). Textos reunidos por Carlos Lévy e Laurent Pernot [*Actes du Colloque de Créteil et de Paris*, organizado pelo Centre d'Études sur la Philosophie Hellénistique et

Romaine de l'Université de Paris XII-Val de Marne e pela Seção Francesa da International Society for the History of Rhetoric, com a participação do Centre d'Études Anciennes da École Normale Supérieure], *Cahiers de philosophie* de l'Université de Paris XII-Val de Marne, n. 2, 1997. Paris: L'Harmattan, 1997.

FURLEY, David. "Democritus and Epicurus on Sensible Qualities". In: BRUNSCHWIG, Jacques; NUSSBAUM, Martha (eds.). *Passions and Perceptions:* Studies in Hellenistic Philosophy of Mind. Cambridge: Cambridge University Press, 1993, p. 72-94.

GOLDSCHMIDT, Victor. "Remarques sur l'origine de la prénotion". In: *Association Guillaume Budé.* Actes du VIII Congrès. Paris, 5-10 avril 1968. Paris: Les Belles Lettres, 1969.

HUME, David. *Investigação sobre o entendimento humano.* Trad. Anoar Aiex; digitalização: grupo de discussão Acrópolis (Filosofia). Disponível em: <http://br.egroups.com/group/acropolis/>. Acesso em: fev. 2018 [orig.: *An Enquiry Concerning Human Understanding.* Londres: A. Millar, 1748].

KANT, Emmanuel. *Logique.* Paris: Vrin, 1997 [orig.: *Immanuel Kants Logik ein Handbuch zu Vorlesungen.* Königsberg: Friedrich Nicolovius, 1800]. [Ed. bras.: *Lógica.* Rio de Janeiro: Tempo Brasileiro, 1992.]

KERFERD, Georges. Epicurus' Doctrine of the Soul. *Phronesis,* XVI, 1971, p. 80-96.

LOCKE, John. *Première Esquisse de l'essai philosophique concernant l'entendement humain.* Trad. fr. Marylène Delbourg-Delphis. Paris: Vrin, 1974 [orig.: AARON, Richard I.; GIBB, Jocelyn (eds.). *An Early Draft of Locke's Essay* (1671): Together with Excerpts from His Journals. Oxford: Clarendon Press, 1936]. [Ed. bras.: *Draft A do Ensaio sobre o entendimento humano.* São Paulo: Unesp, 2013; cf. também *Ensaio acerca do entendimento humano.* São Paulo: Nova Cultural, 1999, col. Os Pensadores.]

LONG, Anthony. Aisthesis, Prolepsis and Linguistic Theory in Epicurus. *Bulletin of the Institute of Classical Studies*, n. 18, 1971, p. 114-133.

SEDLEY, David. L'Anti-réductionnisme épicurien. *L'Épicurisme Antique, Cahiers Philosophiques de Strasbourg*, n. 15, primavera 2003, p. 321-359.

TAYLOR, Charles. "All Perceptions Are True". In: SCHOFIELD, Malcolm; BURNYEAT, Myles; BARNES, Jonathan (eds.). *Doubt and Dogmatism:* Studies in Hellenistic Epistemology. Paris: Maison des Sciences de l'Homme; Oxford: Clarendon Press, 1980, p. 105--124.

V. Por que o epicurismo é motivo de escândalo? e Conclusão

FESTUGIERE, André. *Epicure et ses dieux*. Paris: Quadrige, 1985.

GRIMAL, Pierre. *Contre Pison*. Ed. bilíngue latim/francês. Paris: Les Belles Lettres, 2002, col. Universités de France.

KANY-TURPIN, Josée. Les Images divines: Cicéron lecteur d'Epicure. *Revue Philosophique de la France et de l'Étranger*, n. 1, 1986, p. 39-58.

NUSSBAUM, Martha. "Therapeutic Arguments: Epicurus and Aristotle". In: SCHOFIELD, Malcolm; STRIKER, Gisela (eds.). *The Norms of Nature:* Studies in Hellenistic Ethics. Cambridge: Cambridge University Press, 1986, p. 31-74.

PEASE, Arthur S. *Tulli Ciceronis De natura deorum*. T. 1. Cambridge: Harvard University Press, 1955.

PEREIRA, Maria H. da Rocha. *Estudos de história da cultura clássica: Cultura romana*. 3. ed. Lisboa: Fundação Calouste Gulbenkian, 2002, col. Manuais Universitários. v. 2.

PONGE, Francis. *Métodos*. Apresent. e trad. Leda Tenório da Motta. Rio de Janeiro: Imago, 1997 [orig.: *Œuvres complètes. Le Grand Recueil*. t. I — *Méthodes*

(1961-1962). Paris: Gallimard, Bibliothèque de la Pléiade, 1999].

D. Outros títulos citados no livro *(incluindo a bibliografia, em português, sobre o epicurismo)*

AIUB, Monica; HACK, Olga. *Amizade, conhecimento e equilíbrio interior*: a filosofia clínica nos jardins de Epicuro. Rio de Janeiro: Wak, 2012.

AUBENQUE, Pierre. "As filosofias helenísticas: estoicismo, epicurismo, ceticismo". In: CHÂTELET, François (org.). *História da filosofia*: ideias, doutrinas. Trad. Maria José de Almeida. Rio de Janeiro: Zahar, 1973, v. 1.

BALDINI, Massimo. "Epicuro: A amizade é a via e o objetivo da felicidade". In: BALDINI, Massimo (org.). *Amizade & filósofos*. Trad. Antonio Angonese. Bauru: Edusc, 2000.

BERNIS, Jeanne. *A imaginação:* do sensualismo epicurista à psicanálise. Trad. Álvaro Cabral. Rio de Janeiro: Zahar, 1987, col. Cultura Contemporânea.

BRUN, Jean. *O epicurismo*. Lisboa: Edições 70, 1987.

CANFORA, Luciano. *Um ofício perigoso:* a vida cotidiana dos filósofos gregos. São Paulo: Perspectiva, 2003, col. Debates.

CARVALHO, Olavo de. *O jardim das aflições:* de Epicuro à ressurreição de César: ensaio sobre o materialismo e a religião civil [1995]. 3. ed. São Paulo: Vide Editorial, 2015.

CARVALHO, Rafael Virgílio de. *Epicuro e o seu Jardim:* filosofia, piedade e cidadania na helenística Atenas. Curitiba: Prismas, 2017.

CHAUI, Marilena. *Introdução à historia da filosofia:* as escolas helenísticas. São Paulo: Companhia das Letras, 2010.

DROIT, Roger-Pol. *Um passeio pela Antiguidade:* na companhia de Sócrates, Epicuro, Sêneca e outros pensadores. Trad. Nicolas Nyimi. Rio de Janeiro: Difel, 2012.

DUVERNOY, Jean-François. *O epicurismo e sua tradição antiga*. Trad. Lucy Magalhães. Rio de Janeiro: Jorge Zahar, 1993.

Epicurismo (O) — Contendo uma antologia de textos de Epicuro — e *Da Natureza*, de Lucrécio. Editora: Ediouro/Tecnoprint, 1988, col. Universidade.

FARRINGTON, Benjamin. *A doutrina de Epicuro*. Trad. Edmond Jorge. Rio de Janeiro: Zahar, 1968.

FLAUBERT, Gustave. "Dicionário das ideias feitas". In: FLAUBERT, Gustave. *Bouvard e Pécuchet*. Trad. Marina Appenzeller. São Paulo: Estação Liberdade, 2007 [orig. *Dictionnaire des idées reçues*, obra publicada postumamente por L. Conard, em 1913].

FORSCHNER, Maximilian. "Epicuro: esclarecimento e serenidade". In: GRAESER, Andreas; ERLER, Michael. *Do helenismo até a Antiguidade tardia: uma introdução*. Trad. Nélio Schneider. São Leopoldo: Unisinos, 2003, col. Filósofos da Antiguidade, 2.

GIGANDET, Alain; MOREL Pierre-Marie (orgs.). *Ler Epicuro e os epicuristas*. Trad. Edson Bini. São Paulo: Loyola, 2011, col. Leituras Filosóficas.

HADOT, Pierre. *Qu'est-ce que la Philosophie antique?* Paris: Gallimard, 1995. [Ed. bras.: *O que é a filosofia antiga?* Trad. Dion Davi Macedo. São Paulo: Loyola, 2010.]

HEGEL, Georg Wilhelm Friedrich. *Fenomenologia do espírito*. Trad. Paulo Meneses. 2. ed. Petrópolis: Vozes, 1992 [orig.: *Phänomenologie des Geistes* (1807). Hamburgo: Félix Meiner, 1988].

KLEIN, Daniel. *Viagens com Epicuro:* jornada a uma ilha grega em busca de uma vida plena. Trad. Márcio de Paula Hack. Porto Alegre: L&PM Editores, 2016.

LAKS, A. "Epicuro". In: CANTO-SPERBER, Monique (org.). *Dicionário de ética e filosofia moral*. Trad. Paulo Novaes. São Leopoldo: Unisinos, 2003.

LARRAURI, Maite. *A amizade segundo Epicuro*. Trad. Sérgio Rocha Brito. Barueri: Ciranda Cultural, 2009, col. Filosofia para Leigos.

MATOS, João Pereira de. O conceito de justiça nas *Máximas capitais* de Epicuro. *Cultura, Revista de História e Teoria das Ideias*, v. 30, 2012, p. 115-124. Disponível em: <http://cultura.revues.org/1606>. Acesso em: fev. 2018.

MESSNER-LOEBS, William (roteiro); KIETH, Sam (ilustrações). *Epicuro:* o sábio. Trad. Carlos Patati. São Paulo: Conrad, 2007 [orig.: *Epicurus, the Sage*. vol. 1 — *Visiting Hades* (1989); vol. 2 — *The Many Loves of Zeus* (1991). Nova York: Piranha Press, 1989/1991].

MORAES, João Quartim de. *Epicuro:* as luzes da ética. São Paulo: Moderna, 1998, col. Logos.

ONFRAY, Michel. *Contra-história da filosofia*: as sabedorias antigas. Trad. Mônica Stahel. São Paulo: WMF Martins Fontes, 2006. v. 1.

PEIXOTO, Miriam C. Diniz (org.). *A saúde dos antigos*: reflexões gregas e romanas. São Paulo: Loyola, 2009.

PIRES, J. Herculano. *Os filósofos*. São Paulo: Cultrix, 1960, série Vidas Ilustres.

REALE, Giovanni. *História da filosofia antiga*: os sistemas da era helenística. Trad. Marcelo Perine. São Paulo: Loyola, 1994. v. 3.

RIBEIRO, Nuno; SOUZA, Cláudia (orgs.). *Fernando Pessoa & o epicurismo*. Lisboa: Apenas Livros, 2018.

RUSSELL, Bertrand. *Obras filosóficas*. Trad. Breno Silveira. São Paulo: Companhia Editora Nacional, 1969. v. 1.

SANTOS, José Manuel. A serenidade do mar: razão e emoção na ética de Epicuro. *Arquipélago*, série Filosofia, n. 7, 2007. Disponível em: <https://www.luso-

sofia.net/textos/jose_manuel_santos_etica_epicuro.pdf >. Acesso em: fev. 2018.

SILVA, Markus Figueira da. *Epicuro:* sabedoria e Jardim. Rio de Janeiro: Relume Dumará, 2003.

_____. "Sabedoria e saúde do corpo em Epicuro". In: PEIXOTO, Miriam C. Diniz (org.). *A saúde dos antigos:* reflexões gregas e romanas. São Paulo: Loyola, 2009.

_____. O hedonismo na obra *Vidas e doutrinas dos filósofos ilustres* de Diógenes Laércio: os cirenaicos e Epicuro. *Phoînix*, Rio de Janeiro, ano 23, v. 23, n. 2, 2017, p. 80-93.

SPINELLI, Miguel. O conceito epicurista de kritêrion vinculado ao de enargeías e de kanôn. *Kriterion*, v. 53, n. 125, 2012, p. 59-80.

_____. *Epicuro e as bases do epicurismo*. São Paulo: Paulus, 2013, col. Ensaios Filosóficos.

ULLMANN, Reinholdo A. *Epicuro:* o filósofo da alegria. Porto Alegre: EDIPUCRS, 1996.

XAVIER, Juarez Benício. *O hedonismo e Epicuro:* síntese do pensamento de Kant. [S.l.]: Editora do Autor, 2007, col. A Filosofia ao Alcance de Todos.

Índice onomástico e toponímico

Agamenon, 186-187
Ágora, 37
Alexandre da Macedônia (ou Alexandre Magno), 12, 34, 36
Anaxágoras, 151
Antígono Gônatas, 14
Apolônio de Rodes, 39
Aristarco, 39
Aristipo de Cirene, 75
Aristóteles, 12-14, 27, 62, 68, 92-93, 101-103, 114, 117-118, 138, 198-199, 206
Arquelau de Atenas, 199
Arquimedes, 14
Atenas, 11-17, 27-28, 34-35, 37, 42, 54-55, 69, 105, 199

Cálias, 144
Carnéades, 30
Carus (Titus Lucretius), 44; ver Lucrécio
César (Júlio), 15
Cícero, 15, 19-20, 29, 44, 46-48, 59, 73, 119, 146-148, 156, 179, 181, 184-185, 188-189, 191, 195-196, 215-216
Cláudio, 16
Clístenes, 11, 105
Constantino, 17
Copérnico, 159
Crisipo, 199

Deleuze (Gilles), 173-175

Demétrio de Falero, 39
Demócrito de Abdera, 11, 13, 22, 83-84, 93, 95-96, 106, 109-110, 114-116, 118, 134-135, 151-152, 172
Demóstenes, 12-14, 35
Diderot (Denis), 215
Diodoro da Sicília (ou Diodoro Sículo), 83
Diógenes
  de Babilônia, 30, 43
  de Enoanda, 17, 83, 149
  Laércio, 17, 19, 30, 32-33, 40-41, 47, 67, 108, 144-146, 150, 152, 158, 213
  o Cínico, 12-13

Epicteto, 16, 28
Epicuro, 11, 13-15, 19-34, 37-48, 50-51, 53-54, 56-59, 61-63, 65, 67-68, 71-76, 78-81, 84, 86-88, 91, 93, 95-96, 98-100, 102-104, 108-120, 122, 124-125, 127, 129-132, 134-135, 138-141, 147-148, 151-154, 157, 159, 164-170, 172, 175, 177-186, 188-201, 203-211, 213-216, 218, 221-222
Espeusipo, 12
Euclides, 14, 158-159
Eusébio, 38-39

Fídias, 11
Filipe da Macedônia, 12-13

Filodemo de Gadara, 15-16, 39, 42--43, 62, 69, 99-100, 181, 184, 195, 213-219
Fílon de Alexandria, 15-16
Flaubert (Gustave), 21
Freud (Sigmund), 221
Galeno de Pérgamo, 16
Gassendi (Pierre de), 26, 30-31, 50, 185, 221
Giges (Anel de), 82-83
Górgias, 11

Hegel, 21, 134
Hegésipo, 13
Herculano, 15-16, 42, 214, 216
Hermarco, 14, 32-33, 82
Heródoto, 19, 41, 83, 85, 93, 98, 104, 125, 137-138, 157, 177--179, 181, 194
Hipócrates de Cós, 11
Hume (David), 146-148, 209

Ifigênia, 186-187
Isócrates, 11-12

Jardim (O), 14-15, 21, 23-26, 28--29, 32, 37-38, 42-45, 48-50, 57, 59, 68 69, 71, 172, 195, 197, 208, 215
Justiniano, 17

Leucipo, 11
Locke (John), 145-147, 149, 209
Lucano, 16
Lucrécio, 15, 20, 44, 52-53, 55, 63--64, 67-68, 74, 101-102, 104, 107-109, 111-113, 116, 118, 121, 125-127, 129, 131-132, 148-149, 154-56, 159, 165, 168-169, 174-175, 181-182, 185-186, 213, 222

Marco Aurélio, 16

Marx (Karl), 134-135, 221
Mêmio, 44
Meneceu, 19, 41, 61, 78, 130, 178
Metrodoro de Estratonice, 28-30, 43

Nausífanes de Téos, 13, 32, 192
Néocles, 13, 27
Nero, 15-16
Nietzsche (Friedrich), 71, 221
Numênio, 38

Orígenes, 38
Otávio (Augusto), 15

Parmênide, 91-93, 95
Paulo (São), 16
Péricles, 35
Pirro de Élis, 11-14
Pisão (Lúcio C.), 42, 216
Pítocles, 19, 41, 111, 123, 163-165
Platão, 12, 30, 38, 62, 82, 92, 173, 196
Plotino, 17, 58
Plutarco, 12, 16, 70, 92, 185
Polístrato, 43, 197
Ponge (Francis), 221-222
Porfírio, 58, 82
Pórtico (O), 14, 28, 37, 198-199
Praxíteles, 13
Pródico, 11
Protágoras, 11
Ptolomeu, 158

Reid (Thomas), 208-209, 211
Rômulo Augusto, 17
Rousseau (Jean-Jacques), 221

Sêneca, 16, 49, 181
Sócrates, 27, 32, 35, 82, 130, 182
Stendhal, 88-89
Stoa, 24 n. 3, 37; ver Pórtico (O)
Teodósio, o Grande, 17

Teofrasto, 27
Timócrates, 29
Tito, 16
Torquato (Titus Manlius Torquatus), 73-74, 196

Usener (Hermann), 20, 42, 58

Veleio, 148, 179, 188, 197
Virgílio, 15

Wittgenstein, 210
Wotke (Karl), 42

Xenófanes de Cólofon, 199

Zenão
de Cítio, 13-14
de Eleia, 92
de Sídon, 15, 39, 216

Índice das noções

Ação voluntária; ver liberdade
Adêlon, 139
Admonitio, 74
Alma, 21, 33, 45, 55, 60, 62-67, 74-76, 126, 161, 169
Anima, 168-169
Animus, 168-170
Antiperistasis, 101-102
Aphtarta, 104
Ataraxia, 53, 78, 135, 148, 164
Átomo, 22, 96-97, 102-109, 120-128, 131-135, 139, 148, 152, 160, 167, 170, 172, 180, 189
Autarkeia (autarcia), 190, 193
Autodidaxia, 31, 193

Belo, 76, 188, 217

Cânon, 139, 151
Causa
 final, 111, 117, 118 (nota 12)
 motriz, 114, 117
Cité (cidade-Estado na Grécia Antiga), 34, 37, 87, 105, 182, 184, 186
Clinâmen, 108-109, 115-122, 133-134, 170, 222
Concilium, 47
Convenção, 84-85, 96, 206
Corpo (soma), 25, 54, 57-58, 62-65, 67, 71-72, 74-76, 78, 87-88, 91, 94-98, 102-105, 109-111, 117, 126, 128-132, 148, 158, 160-163, 167-170, 172, 181, 189, 220

Dêmos, 11
Desejo, 45, 52-54, 58, 64, 75-80, 86-88, 118, 174-175, 180, 217
Deuses, 55-56, 61, 79, 84, 119, 129, 147-148, 177-186, 188-191, 220-221
Devir, 24, 92-95, 131, 173-175, 191
Dialética, 24, 134, 138, 152, 197-201, 203, 208, 210, 214, 218
Dialético, 30, 114, 134, 203-204, 207-208, 210
Diaphora, 23
Doxa, 21

Eidolôn, 159, 159 (nota 12)
Empirismo, 146-147, 162, 172, 209
Enargeías, 156 (nota 10)
Energeia, 58, 72
Epilogismos, 100, 207
Epinoiai, 145
Epitomai, 41, 194
Epochê, 34, 154
Escola, 11, 14-15, 17, 27-30, 32-39, 42, 59, 69, 91, 158, 172, 185, 200
Eustatheia, 74

Felicidade, 22, 45-46, 48-50, 51, 53, 56, 60, 62, 67, 70-71, 75, 78-81, 87-89, 134, 178, 180, 191, 194-197, 220

Fisiologia, 91; ver *physiologia*
Foedus, 47

Geração, 107, 112, 114, 119-121, 125

Hairesis, ver seita
Hedonismo, 21, 23, 71-72, 75
Helenística(o), 25, 34-36, 56-57, 66 (nota 7), 140, 157-158, 193, 198
Indivisibilidade, 104
Intermundia/intermundo, 123, 129, 181
Isegoria, 11, 69
Isonomia, 11, 69

Katalêpsis, 158
Katasthêmatikos, 74
Koiné, 35
Kosmos, 123-124

Liberdade, 25, 30 (nota 8), 42, 68, 108, 118, 120-121, 133-135, 167, 170, 193
Linguagem, 23, 84-86, 110, 138-139, 147, 203-204, 206, 210-211, 221-222

Mal, 25, 51-52-54, 56-58, 60-62, 65-67, 77, 79, 81-82, 130, 135, 204
Morte, 55, 58, 61-63, 65, 79, 84, 126-130, 180, 219-220
Mundo, 33, 35, 37, 46, 50, 53, 55, 71, 84, 93, 106-108, 114-115, 121-133, 141, 153, 167, 169, 173, 181-183, 185, 209, 209 (nota 17)

Não ser, 91-92, 94-95, 103, 173
Natureza, 23, 25, 33, 36, 43, 45, 53, 55-57, 60, 62, 65-66, 68, 70-71, 73-74, 78, 81, 84-87, 89, 91, 92 (nota 1), 93-98, 101-104, 106-110, 112-115, 117-118, 120-121, 125, 128-129, 132-135, 138-141, 148, 149 (nota 4), 156-157, 160, 163-164, 166-167, 171-174, 177-179, 181-189, 193-194, 197, 200, 203-204, 208-211, 220, 222
Necessidade, 56-58, 84, 89, 95, 108, 114-116, 118, 120, 169, 182
Notitia, 143

Pactos da natureza, 107, 112-113, 124, 171, 187
Paideia, 24, 31 (nota 10), 191, 193-194-195, 197, 214-216, 218
Parrêsia, 48, 68-70
Pathê, 150-151
Páthos, 74, 217-218
Phantasia, 159
Philia, 41, 45-49
Physiologia (a filosofia da natureza, ver fisiologia), 59, 65, 78, 79, 132, 134, 140, 174, 177, 194
Pneuma, 158
Ponos, 62
Prazer, 23, 33, 50, 52, 60, 65 (nota 6), 66-67, 71-78, 80-81, 87-89, 135, 147, 152, 172, 174, 190-191, 195-196, 204, 218, 220
Prenoção, 142-143, 144 (nota 1), 149, 179-180, 185, 188-190
Prolepsis, 142; ver prenoção
Providência, 23, 108, 111-112, 115, 118 (nota 12), 120, 178

Raciocínio, 58 (nota 4), 67, 84, 86, 98-100, 102, 111-112, 147, 165, 188, 200-201, 205, 207
Religião, 54, 182-183, 185-187

Saúde, 59-60, 67, 70-72, 75, 87
Seita (*hairesis*), 36-38

Semêiosis, 140
Sensação, 25, 64-66, 74-75, 95-96, 98, 100, 107, 126, 130, 137, 139, 139-145, 150, 152-160, 160 (nota 12), 162-166, 168-170, 172-174, 196, 207, 209, 220
Ser, 91-96, 104, 113-114, 117-118, 120-121, 126-127, 131, 135, 152-153
Simpatia, 63-64
Simulacro, 157, 159-162, 159 (nota 12), 173-175
Soberano bem, 23, 48, 195
Socii, 86

Techné, 59
Telos, 72, 195
Tetrafármaco, 61, 67, 129, 177, 194, 220
Typos, 142

Varietas, 113
Vazio, 91, 94-102, 104-106, 109, 112, 114, 123, 128, 132, 139, 167, 211, 220
Voluptas, 73-74

Zoa, 118 (nota 12), 121

ESTE LIVRO FOI COMPOSTO EM SABON CORPO 10,7 POR 13,5 E
IMPRESSO SOBRE PAPEL OFF-SET 75 g/m² NAS OFICINAS DA ASSAHI
GRÁFICA, SÃO BERNARDO DO CAMPO-SP, EM MARÇO DE 2019